LE GRAND THÉÂTRE DU MONDE

EL GRAN TEATRO DEL MUNDO

*Le Siècle d'or espagnol
dans la même collection*

CALDERÓN, *La vie est un songe* (édition unilingue et édition bilingue)
CERVANTÈS, *L'Ingénieux Hidalgo Don Quichotte de la Manche* (2 volumes)
JEAN DE LA CROIX, *Poésies* (édition bilingue)
LOPE DE VEGA, *Le Chevalier d'Olmedo. Le Duc de Viseu* (édition bilingue). – *Fuente Ovejuna* (édition bilingue)
La Vie de Lazarillo de Tormès (édition bilingue)

CALDERÓN

LE GRAND THÉÂTRE DU MONDE

EL GRAN TEATRO DEL MUNDO

*Présentation, traduction, notes,
annexes, chronologie, bibliographie
par* François BONFILS

*Ouvrage traduit avec le concours
du Centre national du livre*

GF Flammarion

*à M. Pierre Brunel,
en signe d'hommage respectueux, et d'amitié*

© Flammarion, Paris, 2003.
ISBN : 978-2-0807-1115-1

PRÉSENTATION

On approche *Le Grand Théâtre du monde* comme un sanctuaire déserté, avec le respect qu'on porte aux grandes œuvres, et la crainte de ne savoir comment entrer dans une littérature monumentale. À vrai dire, à l'époque de Calderón, il en coûtait déjà d'assister à une représentation de ce genre de pièces, l'*auto sacramental*, à la comtesse d'Aulnoy, une aventurière parisienne restée célèbre pour ses contes de fées et autres textes plaisants : « Je suis si lasse d'y aller ! Heureusement, on y sert beaucoup de confiture et d'eau glacée dont on a bien besoin, car l'on y meurt de chaud en plein après-midi avec les flambeaux fondants au soleil, et l'on y étouffe de la poudre... » (*Relation du voyage d'Espagne*, 1680). Une Française se lasse de voir ce dont les Espagnols raffolent : l'*auto sacramental* n'était pas exportable. C'est un fait : parmi la série des textes et des héros dont la littérature espagnole du Siècle d'or a marqué la tradition européenne de son temps (Don Juan, le Cid, Don Quichotte et tant de formes littéraires de nos classiques nous viennent d'en deçà des Pyrénées), l'*auto sacramental* est peut-être le genre qui a le moins marqué les lettres françaises. *Le Grand Théâtre du monde* évoque forcément des citations scolaires quand on a appris un peu d'espagnol, mais comme on fait avec trop de classiques, on l'évoque souvent sans l'avoir lu. De Calderón, on ne lit guère que *La vie est un songe*... Les historiens de la littérature ont beau s'accorder pour reconnaître dans l'*auto sacramental* l'une des créations les plus originales de la culture baroque européenne, et l'une des productions littéraires les plus authentiquement espagnoles, qui le considère vraiment pour ce qu'il dit ? Les romantiques allemands auraient pu ne pas s'y tromper : Ludwig Tieck, les frères Schlegel ou Goethe se sont enthousiasmés pour ce genre de pièces qu'ils tenaient pour un sommet de l'art dramatique, mais c'est parce qu'ils pensaient pouvoir y déceler le caractère instable de la nature humaine à travers une série de contradictions formelles ou thématiques. Il n'y a pourtant pas de contradictions dans l'*auto* : c'est le genre de théâtre le plus cohérent qui soit, et dans son abondance verbale circonscrite en une représentation brève, il est le plus ordonné, le plus sage, sans doute le plus marmoréen de tous les textes dramatiques. Les Espagnols, eux, ont toujours reconnu dans *Le Grand Théâtre du monde* un de leurs temples littéraires, dont ils ne se sont guère détournés qu'au XVIIIe siècle, lorsqu'un goût officiel pour la manière des Lumières les orientait vers des créations apparemment moins marquées par leur passion du catholicisme. *Le Grand Théâtre du monde* est aujourd'hui l'une des pièces les plus étudiées de leur répertoire, depuis que le poète Federico García Lorca et sa troupe de la Barraca l'offraient en représentation aux paysans des villages andalous, tandis que, de son côté, en 1921, le grand maître autrichien Hugo von Hofmannsthal faisait représenter ce chef-d'œuvre de Calderón sur le parvis de la cathédrale de Salzbourg, renouant avec la tradition hispanique la plus authentique.

Pedro Calderón (1600-1681). Gravure BNF.

L'auto sacramental, un genre littéraire pour une fête religieuse

Le Grand Théâtre du monde est le type même de texte qu'on ne saurait comprendre sans considérer le genre très particulier de production dramatique auquel il ressortit, et dont il n'existe pas d'équivalent dans la littérature française ni dans la littérature d'aucun autre peuple. Ces pièces écrites en un seul acte, comme leur nom (*auto*) l'indique, étaient représentées à l'occasion de la Fête-Dieu, ce jour du *Corpus Christi* qui revient chaque année au printemps dans le calendrier catholique, le deuxième jeudi après la Pentecôte. Instituée en 1264 par le pape Urbain IV, cette fête se développe en Occident surtout à partir de 1317, lorsque Jean XXII décrète que les fidèles vénéreront le saint sacrement dans l'ostensoir au cours de processions organisées à l'extérieur des églises, généralisant en cela à toute la chrétienté une pratique suivie en Espagne dès les années 1280 : placé au milieu de la foule des fidèles dans une sorte de soleil d'or qui facilite le regard et invite à l'adoration de tous, le saint sacrement est promené dans les rues des villes et des villages au cours de processions fastueuses. Il n'y a pas si longtemps, on voyait encore dans les campagnes françaises ce genre de processions, pour lesquelles on organisait des reposoirs à la croisée des chemins, et elles demeurent très importantes encore de nos jours en Espagne, où l'on aime à promener au milieu des rues étroites pavées de fleurs des ostensoirs pouvant atteindre plusieurs mètres de hauteur, ceux-là mêmes qu'on exposait déjà à l'époque de Calderón et qui figurent, tels ceux de Tolède ou de Séville, parmi les pièces incomparables de l'orfèvrerie espagnole. La Fête-Dieu devient très vite un moment privilégié dans la liturgie catholique post-tridentine, puisqu'on y exalte très spécifiquement, en adorant l'hostie consacrée, le sacrement qui est au cœur de la doctrine de l'Église, l'Eucharistie, le pain (et le vin) transformés par transsubstantiation, au cours de la messe, en corps (et sang) de Jésus-Christ, dans un renouvellement quotidien du sacrifice de Jésus sur la croix.

Les *autos sacramentales* sont des pièces composées pour servir à la magnificence de ces processions de la Fête-Dieu. Des chars richement ornés (deux chars pour *Le Grand Théâtre du monde*, mais on pouvait en compter quatre pour d'autres titres) accompagnaient le cortège religieux, contribuant à la solennité de la procession. Véritables plates-formes mobiles capables de supporter des décors imposants, ces chars allaient rejoindre une scène fixe disposée en plein air, sur un parvis d'église ou sur une place. De cette façon s'établissait une scène de théâtre aux parties multiples, laquelle constituait en même temps un grand reposoir conclusif de la procession, d'où ce titre de *sacramental* qu'on donne à la pièce qu'on y joue. En espagnol, le mot *sacramento* sert en effet à désigner par excellence le sacrement *eucharistique*. De là, aussi, une traduction possible de l'expression *auto sacramental* par *théâtre eucharistique*. Mais de même qu'on ne traduit pas *commedia dell'arte* pour désigner cette forme de théâtre italien, ni *comedia* pour désigner cette autre forme de théâtre espagnol, nous préférerons conserver la terminologie espagnole qui renvoie à la nature de ce théâtre dans toute sa complexité, sans le réduire ni à son thème religieux ni à sa forme spécifique. L'*auto sacramental* obéit en effet à un ensemble de codifications formelles ordonnées à la réalisation de sa mission édifiante : c'est une pièce en un acte entièrement allégorique, jusque dans la nature de ses personnages, traitant de façon plus ou moins centrale du thème eucharistique.

Produit spécifique de la Réforme catholique en Espagne, l'*auto sacramental* trouve une forme d'antécédent dans le théâtre des mystères du Moyen Âge, même si celui-ci, au contraire de l'*auto* du XVIIe siècle, s'adressait le plus souvent en termes simples à un public peu savant, et sans répondre à un système de codification littéraire reconnu par les autorités ecclésiastiques. En Angleterre, par exemple, un type de mystères, les *moral plays*, était représenté, jusqu'au XVIe siècle, sur des sortes de chars spectaculaires semblables à ceux d'Espagne (les *pageants*), mais leur thème n'était pas spécifiquement eucharistique comme dans la péninsule Ibérique, ni si étroitement uni à la liturgie. En Espagne, c'est seulement à partir du XVIe siècle que l'on commence à représenter des pièces qui sont vraiment des *autos*, traitant du thème eucharistique au moyen d'allégories : des auteurs comme Diego Sánchez de Badajoz, López de Yanguas ou Juan de Timoneda donnent naissance à ce genre de textes, sans parler des quatre-vingt-seize *autos* anonymes compilés dans le recueil *Códice de los autos viejos*. D'un point de vue historique, l'apparition de l'*auto sacramental* en tant que genre systématique répond à la concordance de deux phénomènes : la transformation de la Fête-Dieu en fête religieuse de « première classe », d'une part, et le formidable développement d'une civilisation du spectacle que des normes ecclésiastiques placent délibérément au service du culte, d'autre part ; didactisme théologique et para-liturgie spectaculaire sont l'essence même de ce théâtre.

Un théâtre du didactisme théologique

Dans un prologue écrit pour l'*auto sacramental La Seconde Épouse* (1648), Calderón donne une définition du genre qui insiste sur la nature didactique de ces textes : les *autos* sont « des sermons mis en vers, sous forme d'une idée représentable des questions de la théologie sacrée ». Dans la triade classique des effets du théâtre – *docere, movere, delectare* (enseigner, émouvoir, plaire) –, l'*auto* se place délibérément du côté de l'enseignement : il est, au sens plénier du terme, une prédication dramatique. Dans l'Espagne de la Contre-Réforme, ce genre de théâtre a précisément pour destination première de conférer à la Révélation, par le moyen de la scène, une cohérence dont on considère qu'elle ne va pas de soi dans les textes bibliques. Pour un catholique, l'harmonie et la cohésion de la Bible, qui ne sont évidentes pour personne, doivent en effet être expliquées dans la Tradition de l'Église. Cet enseignement est d'ailleurs l'une des raisons d'être de l'institution ecclésiastique, et ce qui fonde l'effort de sa prédication. Mais si le sermon est par nature un discours explicatif et second, en tant qu'il s'appuie sur un discours qui lui préexiste (texte biblique ou dogme), le théâtre, lui, est d'une autre nature : c'est un art de la représentation par l'imitation, suivant le fonctionnement de la *mimèsis* décrit par Aristote. Se fondant sur une *mise en scène*, le théâtre ne peut exprimer abstraitement un problème théologique, il doit nécessairement *représenter* dans une action les objets dont il traite. Autrement dit, s'il veut être à la fois une forme de prédication et de théâtre, l'*auto sacramental* doit trouver un moyen de représenter en mouvement des vérités métaphysiques, statiques et invisibles par nature.

Aussi ne trouvera-t-on pas dans un *auto* une illustration de débats théologiques en tant que débats. Au cours de ses études, Calderón a pu se passionner pour ces querelles qui enflammaient ses contemporains, et participer aux joutes théologiques de la néoscolastique en pleine apogée dans les universités d'Alcalá de Henares et surtout de Salamanque où il fit ses études, mais l'*auto* n'est pas le lieu du débat et de la confrontation des différentes écoles théologiques. Il présente seulement des situations archétypales, dans une sorte d'épure, de la doctrine de l'Église, considérée dans tel ou tel de ses aspects particuliers (Ancien ou Nouveau Testament, sacrements, dogmes de foi, hagiographie, liturgie…). C'est pourquoi *Le Grand Théâtre du monde* se présente dans son ensemble, mais aussi dans ses parties, comme une sorte de synthèse dogmatique de toute la doctrine chrétienne de la création, au sens biblique (dans le discours inaugural du Monde, v. 67-238) aussi bien que philosophique (dans la distinction scolastique reprise par Calderón entre la forme et la matière des créatures, v. 32-33). La représentation théâtrale de la doctrine théologique, si elle exclut en soi le débat, ne suppose donc pas nécessairement une série de simplifications outrancières. Sur le thème complexe des fins dernières de l'homme après la mort, par exemple, Calderón exclut une présentation manichéenne ciel *versus* enfer, qui, en termes d'efficacité dramatique, aurait pu sembler plus grande que l'illustration qu'il choisit de faire aussi du purgatoire ou des limbes. En ce sens, s'il n'est pas la mise en scène d'un ouvrage polémique de théologie, l'*auto sacramental* est bien le lieu de la mise en scène du catéchisme dans sa subtilité, laquelle se formule de façon figée mais globalisante : on voit ainsi défiler dans *Le Grand Théâtre du monde*, avec la doctrine des quatre fins dernières, avec la doctrine des indulgences ou l'idée que la béatitude céleste est une sorte de contemplation eucharistique éternelle, une illustration des multiples attributs de Dieu (*autor*, c'est-à-dire tout aussi bien *créateur, inventeur, écrivain, chef de troupe théâtrale, metteur en scène*), une réflexion sur la question de la grâce. Écrit en contrepoint de la doctrine catholique, l'*auto sacramental* en constitue un travail constant de réécriture : émaillé de références, d'allusions et de citations explicites ou implicites (dont le lecteur trouvera une liste en annexe), l'*auto sacramental* est un palimpseste théâtral des conclusions de la théologie.

La grande allégorie

Pour représenter l'invisible dans l'univers éminemment visuel du théâtre et pouvoir sortir de la contradiction entre doctrine fixe et action dramatique en mouvement, l'*auto sacramental* utilise une figure systématique de la représentation, l'allégorie, qu'il élève au rang de véritable structure dramatique. Calderón insiste sur ce trait dans le sous-titre qu'il donne au *Grand Théâtre du monde*, *auto sacramental* qualifié d'*allégorique*. L'allégorie est dans l'*auto* une véritable transposition de la forme « parabole » qu'on trouve dans les textes évangéliques. Pour Calderón, il s'agit de reprendre la méthodologie de Jésus au moment d'enseigner ses disciples : « C'est pour cela que je leur parle en paraboles : parce qu'ils voient sans voir et entendent sans entendre ni comprendre » (Mt 13, 13). Cette présentation imagée de la doctrine catholique est intimement liée au sens même de cette doctrine, qui veut que l'ordre du visible de la création – terrestre et humain – soit en relation constante avec le monde invisible du créateur – céleste et divin –, suivant un système de « correspondances » qu'il n'est pas anachronique d'invoquer en régime chrétien, bien avant Baudelaire. S'il existe une dimension proprement évangélique du recours aux images, l'allégorie est de toute façon une figure naturelle du discours religieux : elle est symbole, *symbolon*, au sens étymologique du terme, rassemblement de l'ordre du sensible à l'ordre du conceptuel, utilisation d'un signifiant concret pour renvoyer à un signifié appartenant aux réalités suprasensibles de l'au-delà. L'allégorie est bien plus qu'un procédé obligé de l'*auto sacramental* ; c'est une façon d'être au monde, et de l'interpréter. C'est une figure de la pensée, et non pas seulement du langage. C'est par ce caractère allégorique que l'*auto sacramental*, tout entier métaphorique, devient un vaste emblème.

Le choix de l'allégorie peut conduire à un certain prosaïsme des images dans un texte religieux, comme le fait remarquer Dominique Reyre : « [...] en Espagne, la poésie eucharistique trouve Dieu dans l'épaisseur de la matière, partout, dans les plus grandes choses comme dans les plus petites et les moindres détails, dans les choses les plus sublimes et les plus insignifiantes en apparence [...]. Ce réalisme pourra surprendre le lecteur français peu habitué aux images crues et inédites en matière de poésie religieuse, mais leur justesse théologique atteste le degré d'inspiration de leurs auteurs » (*Poétique de l'eucharistie*, p. 12). *Le Grand Théâtre du monde* intègre les aspects les plus prosaïques du monde, parce qu'il est dans la nature même de l'*auto sacramental* de constituer un « abrégé du monde », suivant une terminologie que le texte de Calderón applique à l'homme lui-même, traditionnellement conçu comme microcosme où s'illustre tout l'univers (v. 1037). Cet allégorisme universel est d'ailleurs envahissant : le Roi, figure allégorique de la monarchie, finit par perdre son statut de personnage à la fin de la pièce, désigné qu'il est directement par le concept abstrait qu'il a servi à illustrer, le Pouvoir (v. 1217 et v. 1467). Cette évolution témoigne du statut véritable des personnages dans *Le Grand Théâtre du monde* : il ne faut y chercher aucun réalisme psychologique, aucune individuation. Ils ne sont que des supports de l'action dramatique, sans nom propre, sans origine, sans âge : ce sont des « personnages abstraits ». L'Auteur, le Monde, la Loi, le Roi, le Laboureur, la Beauté, la Sagesse, le Riche, le Pauvre et l'Enfant ne sont que l'incarnation de concepts. Certains sont assimilables au créateur (l'Auteur), d'autres au créé (le Monde), d'autres à des fonctions (le Roi, le Laboureur), d'autres encore à des qualités physiques ou morales (la Beauté et la Sagesse), à une activité (le Laboureur), à des situations sociales (le Riche et le Pauvre), à un âge (l'Enfant)…

Au-delà de ces équivalences, afin de pouvoir illustrer par la représentation des notions théologiques, il faut, comme écrit Calderón, les rendre *représentables* et, dans ce but, les faire dialoguer entre elles : les personnages abstraits existent afin de permettre la dramatisation de ce qui demeure avant tout une sorte de sermon. Les personnages sont donc de simples « récitants » (v. 66). S'ils sont des personnages, c'est au sens étymologique, simples masques appelés à tomber à la fin de la représentation, ne construisant aucune individualité mais se structurant simplement à travers la pratique d'une « conversation » (v. 954) ou d'une « communication » (v. 956), qui vise, sans qu'ils en aient conscience, à l'illustration d'une doctrine. Ces personnages ne connaissent aucune forme d'évolution ni de transformation ; seule la mort les modifie en les ramenant au néant dont ils sont issus. En un sens, *Le Grand Théâtre du monde* est une sorte de jeu de rôles.

Dans ce jeu de rôles des allégories, les personnages sont distribués par couples, manifestés après la représentation (à partir du v. 1399) : Beauté-Sagesse, Pauvre-Riche, Roi-Laboureur. À bien des égards, ces couples sont issus de représentations stéréotypées ou folkloriques : la confrontation entre le Roi et le Laboureur, qu'on retrouve, par exemple, dans les *Fables* de La Fontaine, ne témoigne pas d'une rencontre fréquente dans la société d'Ancien Régime réelle, pas plus que l'idée, exprimée à de multiples reprises, selon laquelle la pyramide sociale reposerait exclusivement sur le paysan (lorsqu'il est fait allusion, par exemple, aux taxes payées par le Laboureur, v. 769-772 et 817-821). L'allégorie se nourrit en effet d'un système de représentations qui dépasse la simple vraisemblance. Dans cette perspective, l'*auto sacramental* tire spécialement parti du système codifié des personnages établi pour la *comedia* profane espagnole, dont il hérite l'approche du personnage dramatique conçu d'abord comme *type* littéraire. Le Laboureur, par exemple, est à la fois le personnage folklorique du Rustre indécrottable, mais il est aussi une figure renouvelée du valet bouffon ou *gracioso* soucieux des plaisirs de ses sens. Ce caractère archétypique n'exclut pas une forme de complexité : conformément à la double vision de la *comedia* espagnole, le Laboureur peut tout autant se montrer comme un paysan plein de dignité, tel le personnage de Juan Labrador dans *El villano en su rincón* de Lope de Vega ou celui de Pedro Crespo, le héros de *L'Alcalde de Zalamea*, de Calderón lui-même. Le couple Beauté-Sagesse, quant à lui, constitué par les seuls personnages féminins de la pièce, renvoie aux deux femmes possibles traditionnellement présentées par la *comedia*, depuis *La Dama boba* (*La Dame sotte*) de Lope de Vega jusqu'à la pièce de Calderón *¿Cuál es mayor perfección, hermosura o discreción?* (*Entre beauté et sagesse, quelle est la plus grande perfection ?*), dont le titre est tout un programme d'idéal féminin... La Beauté est dans *Le Grand Théâtre du monde* une personnalisation de la dame élégante stéréotypée, sans doute belle et spirituelle, mais tristement futile, par opposition à la femme sage et vertueuse représentée par la Sagesse (dont on ignore tout des traits physiques). Sur un plan symbolique, on pourrait ainsi multiplier la confrontation binaire des personnages : pouvoir (le Roi) et richesse (le Riche), et leurs contraires, le serf (le Laboureur) et le misérable (le Pauvre) ; valeurs mondaines (la Beauté) et valeurs religieuses (la Sagesse). Mais il y a aussi des couples complémentaires : Sagesse et Roi (cette union vaudra au Roi le pardon de l'Auteur, v. 1005-1006), Beauté et Roi (la Beauté veut le séduire dès qu'il entre en scène ; elle tente de le supplanter en récitant, comme lui, un sonnet à sa propre gloire, v. 1025-1038), Sagesse et Pauvre…

L'ampleur de la monotonie

Dans le prologue « au lecteur » de l'édition de ses *autos* parue en 1677, Calderón souligne le caractère éminemment contraint de son œuvre. La distinction qu'il établit entre *asunto* et *argumento*, qu'on peut ramener à une opposition entre *thème* et *intrigue*, lui sert avant tout à rappeler que l'*asunto* est toujours le même dans un *auto sacramental* : la doctrine chrétienne, et plus précisément la doctrine en tant qu'elle permet de donner une cohérence et une explication au mystère propre au sacrement eucharistique. Ce didactisme théologique de l'*auto sacramental* le condamne à la répétition infinie d'un même thème, d'aucuns diront à une sorte de monotonie. L'intérêt suscité chez le spectateur de l'*auto sacramental* ne réside pas, par conséquent, dans une quelconque suspension d'intérêt liée à un dénouement inattendu, puisque celui-ci ne varie jamais : on finira toujours un *auto* par l'adoration du saint sacrement. Le sens et le dénouement de la pièce sont connus d'avance : l'Auteur nous dit tout dès le début (v. 429-434) et le spectateur instruit du catéchisme chrétien peut deviner la conclusion de la pièce, qui est la mort, enjeu constant d'une représentation débouchant sur l'adoration invariable et « perpétuelle » du saint sacrement. Mais c'est de cette apparente faiblesse que l'*auto sacramental* tire sa véritable force : il est au sens fort un théâtre du mythe.

L'intérêt de ce genre de pièces réside alors dans la variation discursive autour du thème religieux inlassablement répété. L'*auto sacramental* est sans doute une œuvre de dévotion, mais c'est de ce caractère qu'elle tire sa littérarité : l'invention métaphorique en constitue tout l'intérêt. N'ayant pas, ou si peu, de contenu nouveau à présenter, l'*auto* fonde toute sa magie sur le renouvellement des images destinées à magnifier le sentiment de vénération. Aussi pouvons-nous continuer de le lire en dehors d'une perspective religieuse, car l'on peut appliquer à l'*auto* ce que Paul Valéry disait des sermons de Bossuet, qui sont tout autant un art de « constructions » et de « compositions » langagières : la certitude disparue, « l'arche demeure ».

Malgré sa relative brièveté en un seul acte, *Le Grand Théâtre du monde* joue sur un tempo dramatique lent. Cette lenteur majestueuse se fonde sur le recours à l'anaphore et à l'amplification constantes (v. 1326-1334, 1376-1386) : il s'agit de transposer dans le langage poétique, à travers une forme d'ostentation langagière, d'emphase et de grandiloquence parfois (autant de notions rhétoriques positives dans l'Europe moderne), l'idée que la vie chrétienne doit être une célébration inlassable de la grandeur divine (afin d'anticiper sur la terre la béatitude céleste, présentée par l'*auto* comme la contemplation éternelle du saint sacrement). Sur le plan littéraire, l'accumulation permanente de mots revêt un but bien précis : outre qu'elle permet au langage d'atteindre une forme de souplesse procurée par l'abondance, elle constitue une sorte de compensation à la raideur doctrinale, qu'elle habille d'un véritable décor verbal. La Beauté, surtout, quand elle s'exprime, utilise ce ton et ce registre solennels qui plaisaient tant aux contemporains de

Calderón. Alors comment dire, en lisant *Le Grand Théâtre du monde*, que l'art s'oppose au didactisme ?

Une paraliturgie théâtrale

L'art de l'*auto sacramental* se comprend d'abord par sa nature paraliturgique. Certes, la représentation de l'*auto* n'est pas une cérémonie liturgique à proprement parler. Elle ne constitue en soi ni un rite, susceptible d'être codifié par des livres d'autel (l'*auto sacramental* fait l'objet de variations formelles, contrairement aux rites), ni bien entendu un sacrement (dont le nombre est limité à sept et qu'on ne saurait augmenter). Mais comme l'expression espagnole l'indique, il s'agit d'un *acte… sacramental* (en français cette fois-ci). Un « sacramental » est une cérémonie à caractère rituel ou un objet qui peut rappeler la présence de Dieu de façon matérielle. On classe ainsi parmi les « sacramentaux » les cérémonies de prise d'habit ou de vœux religieux, les bénédictions et les objets qui en résultent, l'eau bénite ou les rameaux de la semaine sainte qu'on dispose dans les maisons. L'*auto sacramental* est un moyen de la grâce ; il peut être, comme elle, pleinement *efficace*. Suivant une tradition bien attestée, l'*auto sacramental* est revêtu d'une efficacité spirituelle auprès de son public : il est en cela comparable à la célébration de la messe (quoiqu'il en soit différent par nature). Sa représentation, en réunissant un public autour du saint sacrement, devient en effet un moyen de la structuration de l'Église en tant qu'elle est le corps mystique du Christ, organisé autour de sa tête, le Christ présent de façon miraculeuse au milieu des siens dans son corps eucharistique. Encore aujourd'hui, des théologiens peuvent affirmer en Espagne que la représentation de l'*auto* de Lope de Vega, *Le Nouveau Monde découvert par Christophe Colomb*, représenté dans une petite ville castillane en 1609, a pu déterminer la vocation missionnaire et les bilocations de Marie d'Agréda, l'une des plus grandes mystiques et visionnaires espagnoles du XVIIe siècle, conseillère particulière de Philippe IV, ce roi qui établit durablement Calderón comme poète officiel à la cour de Madrid.

Pour un spectateur du XVIIe siècle, il n'existe d'ailleurs pas de véritable rupture empirique entre la liturgie proprement dite et la représentation de l'*auto sacramental*. La présence ininterrompue de l'ostensoir tout au long de la procession de la Fête-Dieu, et le plus souvent au cours de la représentation de l'*auto sacramental*, place en effet l'hostie, c'est-à-dire Dieu lui-même, dans toute la matérialité du divin, au cœur de la dramaturgie. L'*auto sacramental* est joué au sens propre devant Dieu présent dans l'hostie, en *Jesús sacramentado*, comme on dit en espagnol dans la langue de la dévotion pour désigner l'hostie consacrée.

Au cours de la représentation de l'*auto*, on peut placer l'ostensoir dans un reposoir lui-même édifié en face ou à côté de la scène fixe à laquelle se rattachent les chars processionnels, mais Dieu lui-même peut toujours finir par devenir partie prenante de la représentation, car on peut apporter l'ostensoir sur la scène centrale à la fin de la représentation (ce genre de pratiques ne sera que partiellement et progressivement interdit à partir de 1641, dans le souci, précisément, de distinguer entre la liturgie officielle de la procession et la forme de dévotion littéraire constituée par l'*auto*). L'Auteur allégorique que Calderón place à l'origine du *Grand Théâtre du monde* constitue donc une véritable mise en abyme du saint sacrement présent non loin de la scène : avant d'être adoré dans le saint sacrement conduit sur la scène à la fin de la pièce, Dieu le Créateur est un personnage de la représentation qu'il a conçue et dont il sera le juge.

La répartition des références bibliques qui structurent le texte caldéronien montre par ailleurs que l'organisation interne de la pièce suit une inflexion caractéristique de la célébration de la messe : dans l'ordre se succèdent, de façon très pédagogique, un ensemble de références ou de citations à l'Ancien, puis au Nouveau Testament (transposition du passage de la première à la seconde et dernière lecture de la messe tridentine ; liturgie dite « de la parole » à l'intérieur de la messe), avant de passer à l'adoration concentrée sur l'hostie (liturgie à proprement parler « eucharistique », et deuxième partie de la messe). Bien loin de constituer une sorte d'apothéose prétexte ou d'appendice, la conclusion rituelle de l'*auto* autour de l'exposition du saint sacrement est en outre une authentique « communion spirituelle » longuement préparée par tout le texte (la communion est la troisième et dernière partie de la messe, mais on peut remplacer la communion effective par une communion dite « spirituelle », lorsque le fidèle choisit de ne pas consommer matériellement l'hostie).

Ce culte de l'hostie à la fin de la pièce constitue par ailleurs une véritable cérémonie liturgique, au sens propre cette fois, puisqu'il s'agit d'un « salut du saint sacrement », identifiable, entre autres, par le chant du *Tantum ergo*, qu'on réserve dans la liturgie catholique au culte de l'hostie exposée, et qu'on doit chanter avant la bénédiction solennelle nommée, précisément, « bénédiction du saint sacrement » dans les missels. Par cette cérémonie conclusive de l'*auto* (et tout à la fois de la procession), au cours de laquelle les acteurs s'unissent aux spectateurs dans le chant latin rituel, la paraliturgie de l'*auto*, excroissance dramatique de la procession, débouche donc sur la liturgie de la bénédiction du saint sacrement. Pour un homme du XVIIe siècle, dans *Le Grand Théâtre du monde*, Dieu descend sur scène.

Plus que théâtre au sens textuel ou même représentatif du mot, l'*auto sacramental* est donc une fête religieuse. L'Auteur le rappelle abondamment, en qualifiant à plusieurs reprises *Le Grand Théâtre du monde* de « fête » (v. 39, 42, 49, 58, 629). C'est pourquoi, par exemple, la musique y occupe une place prépondérante dans la représentation, notamment au moment où il faut signifier la présence de la divinité sur la scène : toutes les interventions de la Loi de Grâce sont chantées, car sa voix est assimilée à celle des anges qui proclament sans relâche la gloire de Dieu. Les instruments résonnent pour marquer l'ouverture de l'un des deux grands globes placés sur chacun des chars, où l'Auteur divin se découvre à la vue du public (après le vers 627 et avant le vers 1437). De même, parmi toutes les allégories mondaines, seule chante au cours de la pièce la Sagesse incarnée par une moniale (v. 638-642). La musique est le sommet du culte divin. Réunis par le chant conclusif du *Tantum ergo*, tous les hommes, qu'ils aient été acteurs ou spectateurs de la pièce, peuvent faire venir un petit morceau de ciel sur la terre (c'est le but théorique de la liturgie !), accompagnés de *chirimías*, ces larigots habituels dans la musique sacrée espagnole, souvent avec accompagnement de violons. Les interventions musicales structurent ainsi le texte théâtral, dont elles permettent la reprise par la foule des spectateurs : dans l'*auto sacramental*, le texte dramatique n'est pas seulement la parole de personnages agissant sur la scène, mais la parole que toute une communauté peut reprendre à l'unisson.

Considérer que le texte poétique de l'*auto sacramental* en est la principale clef est donc une forme d'aberration, relevée par Calderón dans le prologue déjà cité : « Certains passages pourront paraître un peu froids compte tenu du fait que le texte ne peut fournir par lui-même ni la sonorité de la musique ni l'éclat de la machinerie, et d'autant plus si le lecteur ne se livre pas dans son imagination à une véritable composition de lieu [...]. » Calderón n'aurait pas eu de mal à répondre à La Bruyère, qui se scandalisait dans *Les Caractères* que « le discours chrétien [fût] devenu un spectacle » : pour l'Espagnol, il est bon qu'il en soit ainsi. La magnificence spectaculaire est recherchée dans l'*auto sacramental* comme un instrument supplémentaire pour l'édification des fidèles. Si l'on veut enseigner la doctrine véritable à la foule, afin d'élever son âme, il faut aussi, pour un peuple incarné, savoir émerveiller ses sens.

Le genre culte d'une civilisation du théâtre

Une vision anachronique pourrait nous faire assimiler l'*auto sacramental* à une représentation de patronage ou à une veillée de messe de minuit. Ce théâtre n'est pourtant pas du tout perçu par ses contemporains comme une seule affaire de dévotion, encore moins comme un genre secondaire réservé à des écrivains engagés sur le terrain spirituel. S'il est vrai que Calderón lui-même finit par se faire ordonner prêtre en 1651, l'*auto sacramental* se développe au moment où le théâtre espagnol profane atteint une sorte de perfection dans la *comedia*. À tous égards, l'*auto* est une affaire de professionnels, et il profite de la parfaite organisation du monde du théâtre et des fêtes publiques dans l'Espagne du Siècle d'or. Son esthétique en un acte relativement rapide répond au penchant des Espagnols pour les productions morcelées au théâtre, avec des *prologues*, *intermèdes*, *danses* et autres *mascarades* qui fragmentaient systématiquement toute « grande » représentation d'une *comedia* en trois actes. Malgré sa taille, l'*auto sacramental* n'est pas un genre mineur : écrit par les mêmes dramaturges qui composent des *comedias*, il s'adresse à un même public, se joue dans les mêmes rues, s'écrit pour les mêmes comédiens et dans un même style de langage.

Si *Le Grand Théâtre du monde* tire de cette proximité avec la *comedia* des caractéristiques formelles, l'*auto* est aussi perçu par les troupes théâtrales comme un moyen très important d'affirmer leur valeur et leur dignité. À partir de 1585, après l'installation des *corrales*, ou théâtres fixes, à Madrid, les recettes encaissées à l'occasion des représentations sont en partie destinées au bénéfice des hôpitaux, propriétaires partiels de ces théâtres commerciaux. Un spectacle théâtral est donc perçu comme un acte de bienfaisance, ce qui donne une force aux compagnies contre leurs détracteurs qui, tels les prêtres de France condamnant Molière à des funérailles honteuses, fustigent, en Espagne aussi, quoiqu'ils y soient peut-être moins écoutés, l'immoralité de certaines représentations. Dans l'Espagne du Siècle d'or, la représentation des *autos sacramentales* joue un rôle fondamental dans la vie des troupes théâtrales, car c'est à l'occasion de la Fête-Dieu qu'elles peuvent montrer les services qu'elles rendent à la religion... et obtenir leurs principales subventions. Ainsi à Madrid, la ville pour laquelle écrit Calderón, le choix des compagnies chargées de représenter les *autos* revient chaque année à une commission laïque des fêtes, présidée par un membre du Conseil royal et de la Chambre du roi assisté par le corregidor de la capitale et par deux régisseurs et le secrétaire de la mairie. Ce choix confère un prestige extrême aux compagnies retenues, qui en retirent de très nombreux avantages économiques : la Ville prend en effet à sa charge les frais considérables des représentations (costumes – dont on sait qu'à Madrid ils devaient être nouveaux tous les ans –, décors, salaires des acteurs). Les compagnies théâtrales ou tel acteur particulièrement éclatant peuvent en outre remporter des gratifications supplémentaires en cas de réussite particulière – la *joya* à laquelle fait allusion le Riche du *Grand Théâtre du monde* (v. 1542). Les troupes se voient de toute façon assurer des bénéfices considérables grâce, notamment, au monopole des représentations qui leur était souvent accordé du jour de Pâques jusqu'au jour de la Fête-Dieu (soit pendant près de deux mois). Joué à l'issue de la procession de cette Fête-Dieu, l'*auto sacramental* apparaît bien comme le couronnement de toute une « saison » théâtrale pour la compagnie choisie. Par le prestige dont il est revêtu et les sommes d'argent qu'il engloutit, l'*auto sacramental* est en effet au cœur de l'organisation théâtrale espagnole. On pourrait dire qu'il constitue à lui seul une véritable industrie, semblable, par ses enjeux, à l'industrie cinématographique d'aujourd'hui. La Fête-Dieu, point d'aboutissement de l'année liturgique, est donc aussi le moment culminant de l'année théâtrale en Espagne. On comprend que les plus grands auteurs se consacrent à l'écriture de ces pièces qui assurent leur gloire, et que les municipalités espagnoles passent commande aux plus illustres d'entre eux pour rivaliser d'éclat : Calderón écrit à lui seul plus de quatre-vingts *autos*, se consacrant à ce genre de théâtre et, dans une moindre mesure, à la *comedia* palatine à la fin de sa vie. S'il représente une perfection du genre, l'*auto sacramental* caldéronien est loin d'être unique : Lope de Vega l'avait précédé comme auteur officiel des *autos* de Madrid, et les plus grands dramaturges espagnols, comme, par exemple, Tirso de Molina (l'inventeur de Don Juan), se sont illustrés dans ce type de théâtre.

Le grand hispaniste Marcel Bataillon estime qu'à partir de 1592 et jusque vers 1645, pour la seule ville de Madrid, on représente quatre *autos* nouveaux par an, deux pour chacune des deux compagnies retenues par les autorités municipales. Plus tard, et notamment après une fermeture des théâtres commerciaux en 1644 dans le cadre d'un deuil royal, on donne seulement deux *autos* nouveaux par an, mais les acteurs sont tenus à de multiples représentations en quatre jours (du jeudi de la Fête-Dieu proprement dit au dimanche suivant), dans la rue pour le peuple, pour le roi devant le palais royal, devant le Conseil de Castille, devant la mairie… On imagine la charge épuisante que leur désignation pouvait représenter pour ces acteurs, malgré une série de décrets qui tentent d'endiguer les excès dans le nombre de représentations d'un même texte en quelques jours. Malheur, cependant, à l'acteur d'une compagnie qui, effrayé par le travail, refuserait d'apprendre son texte d'*auto sacramental* lorsque sa compagnie a été retenue : il encourt une peine de prison ! À titre d'information, on peut rappeler que la représentation systématique des *autos sacramentales* à l'occasion de la Fête-Dieu s'interrompt seulement en 1765, lorsque le roi Bourbon Charles III cède aux pressions des détracteurs du théâtre. Suivant à cette époque un modèle français inspiré des Lumières, ils affirment que la religion se dégrade en sortant dans la rue pour être représentée par des acteurs de mauvaise vie (l'argument n'est pas nouveau, en réalité ; on le retrouve depuis le Moyen Âge chez les théoriciens hostiles au théâtre). Au fond, c'est parce que l'*auto* est devenu exclusivement l'affaire des professionnels du théâtre qu'il disparaît des cérémonies ecclésiastiques. Sa gloire mondaine signe sa mort religieuse.

Le Grand Théâtre du monde
ou l'apogée d'un genre

Le Grand Théâtre du monde n'appartient pas à ces périodes troubles de la fin d'un genre. Au contraire, il constitue un sommet de ce théâtre, placé au cœur d'un des moments les plus fastueux de l'éclat culturel du Siècle d'or espagnol : la plupart des critiques s'accordent pour placer la rédaction et la première représentation de la pièce entre 1633 et 1635, très probablement en 1633 pour les débuts de la rédaction et en 1635 pour la première représentation, à Madrid, en plein règne de Philippe IV, le roi Habsbourg dont le portraitiste officiel était Velázquez, et le poète Calderón. D'autres représentations de la pièce sont attestées à Valence en 1641, ainsi qu'à Madrid en 1649 (date à laquelle la pièce n'est pas jouée à l'occasion de la Fête-Dieu mais sur la scène d'un théâtre fixe). La publication du vivant de Calderón a lieu en 1655.

Une spécificité de cet *auto sacramental* apparaît tout de suite : contrairement à la plupart des autres pièces du même genre, ce texte est très largement repris au-delà de sa première saison théâtrale. On conserve même du *Grand Théâtre du monde* une version manuscrite en nahuatl, la langue parlée par la plupart des Indiens du centre du Mexique. Ce manuscrit (non autographe, bien entendu !), qu'on date le plus souvent de 1640, montre que cet *auto sacramental* est très vite représenté dans l'empire de l'Espagne bien avant d'être publié : au Siècle d'or, le prestige littéraire ne s'appuie pas sur la seule édition imprimée. On peut sans doute expliquer que les contemporains aient reconnu une forme de primauté au *Grand Théâtre du monde* dans le champ immense de l'*auto* par l'évolution de la carrière de Calderón, parvenu en 1635 au sommet de son art (il donne, la même année, *La vie est un songe*), mais aussi par l'efficacité dramatique du thème qu'il choisit pour sa pièce.

Le theatrum mundi
ou le succès d'une métaphore

Le monde est un théâtre et l'homme est un acteur jouant sur ce théâtre du monde un rôle transitoire que Dieu, juge suprême de la représentation, lui attribue. Loin d'inventer une quelconque image, Calderón reprend une métaphore consacrée par une tradition littéraire tellement constante qu'elle est devenue un lieu commun bien avant 1635, le *theatrum mundi*. La notion de lieu commun ne renvoie pas à un simple cliché : c'est une idée *commune* au sens fort du terme, partagée par tous. Le « théâtre du monde » est une métaphore qui sert à qualifier la fragilité de la vie humaine, et que les écrivains déclinent parfois autrement : la vie est un pèlerinage, une auberge, un jeu d'échecs, un songe, autant de variantes pour un même thème.

En employant cette image, les hommes du XVIIe siècle ont conscience de recourir à un lieu commun. Dans la deuxième partie de *Don Quichotte*, par exemple, dès 1615, Cervantès n'hésite pas à mettre l'accent, avec une ironie non dissimulée, sur le caractère répétitif de cette idée chez ses contemporains : au chapitre XII du roman, confondant toujours la littérature et la vraie vie, le chevalier fou de la Manche parle au clair de lune avec son écuyer Sancho Panza ; la conversation

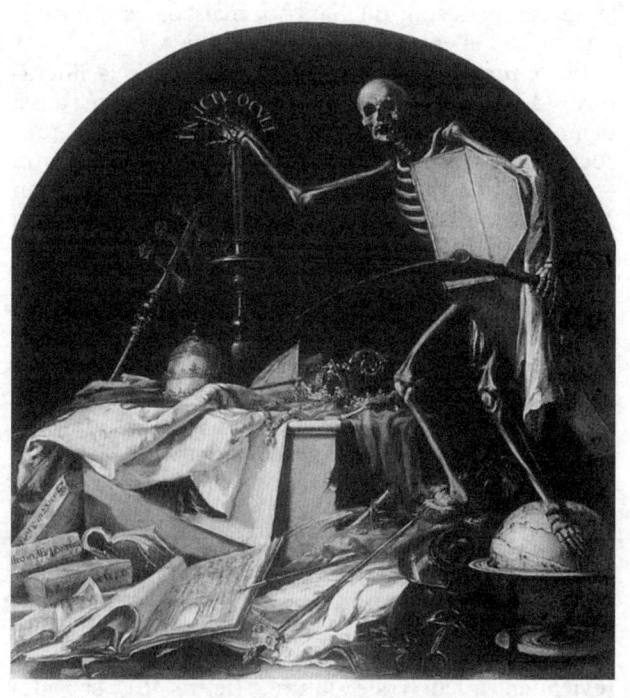

Juan de Valdes Léal (Séville, 1622-1690), *Hiéroglyphes de nos fins dernières, In ictu oculi* (En un clin d'œil), église de l'hôpital de la Charité, Séville, vers 1671-1672.

tourne autour d'une troupe de théâtre qu'ils ont croisée au chapitre précédent. Et Don Quichotte refait le monde en filant la métaphore du *theatrum mundi*, tandis que le narrateur s'adresse au lecteur par le propos apparemment léger de l'écuyer comique : « Vaillante comparaison, dit Sancho, mais pas si nouvelle que ça ; je l'ai entendue plus d'une fois. »

Le *theatrum mundi* est aussi ancien que la littérature. On en trouve des traces dès l'Antiquité, aussi bien dans la philosophie (dans les fragments des présocratiques, Démocrite et Pythagore, ou chez Platon – *Lois* I, 644-645 –, ou encore chez Épictète dans son *Manuel*) que dans la poésie ou le théâtre latins, qui sont, avec l'histoire et la morale (Cicéron dans *Caton l'Ancien* ; Boèce dans *La Consolation de la philosophie*), les relais du lieu commun jusqu'au Moyen Âge. Dans l'Antiquité, les auteurs associent communément au *theatrum mundi* l'idée que la fortune ou un destin aveugle gouvernent la vie des hommes. Les stoïciens, et notamment Sénèque (venu de Cordoue), utilisent néanmoins la métaphore pour signifier l'égalité de tous les hommes devant la mort. Dans deux des lettres de Sénèque à Lucilius, on lit : « Aucun de ces gens que tu vois couverts de pourpre n'est heureux, pas plus que ne le sont ceux qui revêtent le sceptre et la chlamyde sur scène pour les besoins d'une représentation ; en présence du peuple, ils s'avancent surélevés sur des cothurnes, mais dès qu'ils en sortent, ils reviennent à leur vraie stature » (lettre 76) ; et : « La vie ressemble à l'action d'une pièce ; ce qui compte n'est pas qu'elle soit jouée longuement, mais qu'elle soit bien jouée. Il importe peu en quel endroit tu lui mets un terme. Quitte la vie quant tu veux ; préoccupe-toi seulement de lui imposer un bon dénouement » (lettre 77). Tous les hommes devront quitter les insignes de leur gloire à la fin de leur comédie. L'historien Suétone, dans la *Vie des douze Césars* (II, 99), raconte d'ailleurs qu'en mourant l'empereur Auguste demanda s'il avait « bien joué la comédie de la vie » ;

on racontera plus tard la même anecdote au sujet de Rabelais sur son lit de mort.

Dès les premiers siècles de notre ère, suivant cette tradition stoïcienne, les Pères de l'Église orientent le *topos* dans une perspective spécifiquement religieuse, lorsqu'ils cherchent à conformer au message biblique les héritages antiques. Cette fusion s'établit au cours des IVe et Ve siècles, aussi bien dans la tradition latine que dans la tradition grecque du premier christianisme. Dans l'Occident chrétien, saint Augustin (354-430) est l'un des premiers penseurs à reprendre la métaphore antique, aussi bien dans *La Cité de Dieu* que dans son *Commentaire du psaume 127* : « Ici-bas, on dirait que les enfants disent à leurs parents : "Eh bien, songez à quitter cette terre, nous aussi nous voulons jouer la comédie !" Chaque âge de la vie nous rapproche de la mort et chaque nouvelle génération nous pousse, afin d'occuper à son tour la scène du monde. » Au même moment, dans l'Orient byzantin, saint Jean Chrysostome (344-407) est le premier à introduire dans une prédication le thème du *theatrum mundi*. On lit dans sa *Deuxième Homélie sur Lazare*, où il commente la parabole évangélique de Lazare et du mauvais riche (Lc 16, 19-31), reprise aussi par Calderón dans son *auto sacramental* (v. 882) : « Comme il arrive donc qu'à la tombée du soir, une fois que le public qui assistait à la pièce s'est dispersé, les acteurs une fois sortis du théâtre déposent les costumes de la fiction, et ceux qui semblaient auparavant des rois et des seigneurs apparaissent tels qu'ils sont, de la même manière, lorsque la mort sera arrivée, et que le théâtre aura disparu, lorsqu'ils auront déposé les masques des richesses et de la pauvreté, tous partis là-bas, et jugés pour leurs seules œuvres, feront voir clairement quels sont les vrais riches et les vrais pauvres, quels sont ceux qu'on honore, quels sont ceux qu'on oublie. » *Theatrum mundi* et *contemptus mundi* se rejoignent donc, pour donner une nouvelle variante de ce « mépris du monde » que la tradition biblique exprime en d'autres termes, suivant les mots de l'Ecclésiaste : « Vanité des vanités », « Souviens-toi que tu es poussière ». Le *theatrum mundi*, qui n'est en soi qu'une métaphore vide, puise son sens aux deux sources de l'Antiquité et de la Bible, dans la Rome athénienne et la Jérusalem chrétienne, suivant en cela l'évolution générale de toute la culture occidentale. Ce lieu commun est un carrefour de l'histoire de la pensée occidentale.

La notion de *theatrum mundi* connaît un moment glorieux quand l'humanisme prend conscience de cette double source de la culture européenne. Si Ronsard reprend la métaphore dans *Le Carnaval de la cour* (1534), Montaigne l'utilise à plusieurs reprises dans les *Essais*, toujours pour exprimer l'inconstance du monde sur lequel s'agitent les hommes, dans un jeu absurde que la mort est seule à dénouer : « Et, au pis aller, la distribution et variété de tous les actes de ma comédie se parfournit en un an. Si vous avez pris garde au branle de mes quatre saisons, elles embrassent l'enfance, l'adolescence, la virilité et la vieillesse du monde. Il a joué son jeu. Il n'y sait autre finesse que de recommencer. [...] Les enfants ont peur de leurs amis mêmes quand ils les voient masqués ; aussi avons-nous. Il faut ôter le masque aussi bien des choses que des personnes ; ôté qu'il sera, nous ne trouverons au-dessous que cette même mort, qu'un valet ou simple chambrière passèrent dernièrement sans peur » (I, XX). La ligne droite du *theatrum mundi* unit saint Augustin et Montaigne.

À l'époque de Calderón, on sait que la métaphore du *theatrum mundi* est omniprésente chez Shakespeare, antérieur d'une génération à Calderón. La devise du théâtre londonien du Globe, ouvert en 1599, établit à elle seule tout le programme de l'idéologie dramatique élisabéthaine : « Totus mundus agit histrionem » (le monde entier joue la comédie). Dans *Comme il vous plaira* (II, 7), par exemple, Jacques affirme : « All the world's a stage » (le monde entier est une scène). C'est dans *La Tempête* (IV, 1, v. 1611) qu'on trouve l'une des plus belles réécritures du thème du *theatrum mundi*, lorsque le magicien Prospéro assiste à la représentation d'un *masque* (sorte de divertissement théâtral en musique) joué par des esprits convoqués par lui pour l'occasion. Le commentaire de ce spectacle intérieur, une fois qu'il est achevé, donne à Prospéro l'occasion de renouveler le lieu commun, le ballet des esprits devenant l'image de la vie évanescente des hommes : « Nos divertissements sont finis. Nos acteurs de naguère, comme je vous le disais précédemment, étaient tous des esprits et se sont évanouis dans l'air, dans l'air léger. Et, comme cette vision construite sur rien, les tours coiffées de nuées, les palais somptueux, les temples solennels, le vaste globe lui-même, oui, avec tous ceux qui l'ont en partage, tout se dissipera et, s'évanouissant tel ce spectacle sans substance, ne laissera pas derrière lui un fil de nuage. Nous sommes faits de la même étoffe que les songes, et notre petite vie est cernée de sommeil. » En France, le *theatrum mundi* connaît un développement tout aussi important au XVIIe siècle : on ne cesse de reprendre la métaphore, comme dans *Les Caractères* de La Bruyère, dans *La Place royale* ou *L'Illusion comique* de Corneille, et surtout dans *Le Véritable Saint Genest* de Rotrou, chef-d'œuvre baroque où le *theatrum mundi* revient continûment : « Ce monde périssable et sa gloire frivole / est une comédie où j'ignorais mon rôle » (IV, 7, v. 1304-1305). Tout au long du Siècle d'or, la métaphore est omniprésente dans la littérature espagnole : si Cervantès peut faire remarquer qu'elle est devenue banale en 1615, c'est qu'on la trouve partout, aussi bien dans la philosophie (dans le *Crotalón* de Christophoro Gnosofo, rédigé en 1552 ou 1553), dans le sermon, tel celui de fray Alonso de Cabrera pour l'enterrement du roi Philippe II (*A las honras de nuestro señor el serenísimo y católico Rey Filipo Segundo*), dans le roman picaresque (*Guzmán de Alfarache* de Mateo Alemán), dans la poésie (*Cancionero* de Jorge de Montemayor publié en 1554), et bien sûr au théâtre, par exemple dans *La hermosura de Angélica* (1602) de Lope de Vega, et surtout dans *Lo fingido verdadero* (*La Feinte Vérité*, vers 1608) du même dramaturge. Cette dernière *comedia*, qui constitue l'un des exemples les plus remarquables d'emplois du *theatrum mundi* dans le théâtre hagiographique espagnol, est souvent considérée comme une source directe de l'*auto sacramental* caldéronien. Si la filiation est difficile à démontrer en termes textuels, on sait avec certitude, en revanche, que c'est la source directe du *Véritable Saint Genest* de Rotrou. Le *theatrum mundi* est une nébuleuse qui sait tracer des voies cohérentes.

Dans la péninsule Ibérique du XVIe siècle, une traduction latine par Érasme de l'homélie déjà citée de saint Jean Chrysostome a sans doute contribué au sursaut du *theatrum mundi* ; mais, exactement contemporaine de la pièce de Calderón, il faut surtout évoquer la parution en 1635, date la plus probable de la représentation du *Grand Théâtre du monde*, d'une traduction en vers par le très grand écrivain Quevedo, de l'*Enchiridion* d'Épictète, cité presque littéralement par Calderón (*cf.* par exemple v. 309-318), *Epicteto y Focíledes en español con consonantes* (*Épictète et Phocylide en espagnol en rimes consonantes*). Cette publication est en réalité la deuxième traduction de l'œuvre d'Épictète en espagnol, après la *Doctrina del estoico filósofo Epicteto que se llama comúnmente Enquiridión* (*Doctrine du philosophe stoïcien Épictète, communément appelée Enchiridion*), traduite par Francisco Sánchez de las Brozas et publiée à Madrid en 1612.

Le paradigme théâtral

Le phénomène le plus remarquable dans l'histoire du *theatrum mundi* est précisément sa récupération par le théâtre. La métaphore n'est pas destinée, en effet, à un usage théâtral, bien au contraire : à l'origine, il s'agit d'une métaphore employée par le discours philosophique, qui utilise la comparaison monde-théâtre pour mépriser le monde, témoignant par là de la faible estime généralement accordée au théâtre… Que le théâtre puisse s'employer au XVIIe siècle à l'illustration d'une métaphore fondée sur son propre dénigrement, voilà le fait surprenant ! Il y a du masochisme ou un risque de suicide artistique pour un dramaturge à vouloir appuyer son discours sur une image qui participe du mépris affiché envers son art. Une explication sans doute un peu rapide de ce paradoxe se trouve peut-être dans le paradoxe lui-même, car la reprise du lieu commun par les dramaturges est une façon de répondre aux détracteurs du théâtre par leurs propres arguments : la puissance du théâtre est dans sa vanité. Si l'illusion théâtrale se voit conférer une signification philosophique, il est réconfortant pour un hommes de lettres de considérer que, pour une fois, un genre littéraire, c'est-à-dire une forme (ce qu'est le théâtre), a pu avoir, en tant que forme, une incidence sur l'histoire des idées, au lieu de la refléter passivement, comme on aime à le supposer un peu vite de la littérature. Dans le *theatrum mundi*, la littérature ne sert pas de support aux idées, elle les suscite : le théâtre pouvait bien récupérer ce titre de noblesse.

Si le théâtre partage avec la vie sa nature illusoire, il peut en devenir une vaste analogie : le *theatrum mundi* est une « idée représentable », pour reprendre l'expression qui est au centre de la définition caldéronienne de l'*auto sacramental* déjà citée. Comme le signale Didier Souiller de façon magistrale : « La réussite du dramaturge espagnol réside une fois encore dans son aptitude à transformer une image familière à son époque en un symbole frappant du drame humain, grâce à une utilisation systématique, qui fait du théâtre du monde plus qu'une simple métaphore : une des questions centrales de sa réflexion ; grâce également à une extension des conséquences de ce phénomène de théâtralisation aux plans de la psychologie, de la religion, de la métaphysique, sans oublier, évidemment, la dramaturgie, elle-même remise réellement en perspective par la rencontre du *théâtre sur le théâtre*. En définitive, il semble bien que la dénonciation par Calderón de la théâtralisation du monde fournisse à

l'auteur la [...] source de son inspiration tragique »
(*Calderón et le grand théâtre du monde*, p. 255). Calderón résout ainsi l'impasse à laquelle peut conduire un discours purement autoréférencé. Bien que l'intrigue, l'*argumento*, soit une pièce de théâtre, le sens de la pièce ne saurait se réduire à la pièce elle-même. Le génie de Calderón consiste alors à déployer le caractère attendu de son texte : la création ne surgit jamais de la pure invention, mais du croisement d'une série de codifications thématiques, celles, spécifiquement catholiques, de l'*auto sacramental* d'une part, et celles, plus philosophiques, du *theatrum mundi* d'autre part. Bien loin de créer une forme de nouveauté, *Le Grand Théâtre du monde* se présente comme l'aboutissement d'une série de traditions thématiques et de contraintes formelles. On peut le lire comme un texte synthétique, comme une petite encyclopédie pour découvrir, ou comprendre, le fonctionnement profond de la création littéraire du Siècle d'or espagnol.

La civilisation espagnole du Siècle d'or se définit en grande partie autour du paradigme théâtral. Tout y est théâtre : l'histoire de la monarchie (*Teatro monárquico de España* de Pedro Portocarrero y Guzmán, publié en 1700) ou l'histoire de l'Église ou d'une église (González Dávila reprend plusieurs fois le titre *Teatro eclesiástico* pour raconter l'histoire de l'Église d'Espagne et d'Amérique en divers volumes ; Pablo Espinosa de los Monteros publie un *Teatro de la Santa Iglesia Metropolitana de Sevilla* en 1635). Si Dieu peut être matériellement introduit dans les représentations des *autos* sous la forme de l'hostie consacrée, la cosmogonie aussi bien que l'intimité de la conscience individuelle peuvent se transformer en une sorte de théâtre. En outre, il faut se représenter la vie quotidienne au Siècle d'or comme une vaste comédie mondaine : la société d'ordres de l'Espagne classique est naturellement théâtrale ; chaque collectivité y a ses rites publics, chaque métier ses cris, chaque état son costume. Les églises aux grands retables baroques dont la péninsule Ibérique se couvre à l'époque, véritables décors sculptés d'une liturgie fastueuse dans le moindre village, sont autant de théâtres de la vie ordinaire, où l'on construit sans cesse des autels éphémères pour telle fête populaire, ou des catafalques éloquents pour l'enterrement des puissants.

Le Grand Théâtre du monde joue de cette variété : ses personnages allégoriques transposent sur une scène de théâtre fictif les « acteurs » de la société réelle. Ces derniers se trouvent réunis, concentrés et mélangés sur une même place, comme les personnages de l'*auto* sur leur char, précisément à l'occasion des représentations des *autos sacramentales*, autour de la même scène (contrairement à ce qui se passe dans les théâtres fixes des *corrales* où les différents groupes ne s'installent généralement pas aux mêmes étages). Les attributs symboliques que le Monde remet aux personnages au début de la représentation intérieure de la *comedia Agir bien car Dieu est Dieu* renvoient à cette bigarrure des costumes portés à l'époque, et que le lecteur d'aujourd'hui doit essayer de se figurer : le public qui regarde l'*auto sacramental* est tout aussi théâtral que les acteurs qu'il regarde, plus encore que lui, lorsque, à la fin de la représentation, ces derniers se trouvent dépouillés de leurs attributs symboliques (la pourpre et la couronne du Roi, la charrue du Laboureur, le miroir de la Beauté, les bijoux du Riche, v. 1287-1375). Ce dépouillement matériel de l'acteur (dans une sorte de distanciation, dont il faut mesurer l'extrême audace au XVIIe siècle) signifie au public engoncé dans ses distinctions sociales et l'étiquette de ses conventions qu'en définitive il n'est qu'un groupe de créatures vouées au même destin fatal. *Le Grand Théâtre du monde* est à bien des égards le déploiement d'une « danse de la mort » au cœur de la pantomime des vivants.

Théâtre et société : l'intégration subversive

Nourri en amont du croisement de plusieurs séries de conventions, le texte de Calderón trouve une pluralité de significations suscitées, en aval, par la diversité du public auquel il s'adresse. Comme la *comedia*, le théâtre eucharistique espagnol s'adresse en effet à un public hétérogène, rapprochant le roi, la cour, les nobles, le clergé et le peuple, mais s'il veut pouvoir accomplir sa tâche d'enseignement, l'*auto sacramental* doit obtenir une forme de compréhension universelle. Tous les passages du texte ne s'adressent donc pas aux mêmes parties du public. On ne s'étonnera pas, par conséquent, de trouver dans le texte de Calderón des degrés de difficulté thématique et linguistique très différents, selon la nature des destinataires auxquels ils s'adressent en premier lieu. Les sujets les plus érudits (les références bibliques ou mythologiques les plus subtiles) sont destinés aux personnes les plus savantes, tandis que les passages plus spectaculaires (chants, machines) le sont plutôt au peuple moins versé en réflexion théologique, même si tous peuvent s'en émerveiller. Le poète peut d'ailleurs jouer de la concomitance de ces difficultés, par exemple en mêlant de façon ponctuelle les références populaires et savantes (Nabal-Carmel, v. 785). Sur un plan formel, on pourra comparer le conceptisme du discours de la Beauté, destiné aux artistes habitués aux élaborations poétiques, à la simplicité tout évangélique des paroles de la Sagesse. On remarquera également la valeur du rire, qui est dans ce théâtre une sorte de pendant plébéien au sérieux universel de la prière : c'est le Laboureur qui fait rire, avec sa prononciation fautive, son accent paysan qu'on imagine, ses habits, ses gestes. Victor Hugo parlera plus tard, dans la préface de *Cromwell*, de « la féconde union du type grotesque au type sublime », évoquant les modèles de Shakespeare et de Lope de Vega, le grand maître de Calderón. En Espagne, on sait que pour atteindre les sommets de l'extase, il faut savoir ménager des formes de détente.

Les cordes de la lyre spirituelle ne peuvent pas être toujours également tendues pour tous.

Mélangeant ainsi les niveaux de discours et réunissant autour d'une pluralité de paroles la société tout entière, l'*auto sacramental* développe plus que toute autre forme de théâtre la fonction intégratrice de la représentation dramatique : de même qu'il participe à la structuration du corps mystique de l'Église, ce théâtre assure à sa façon la cohésion de la cité. Le texte caldéronien délivre cependant un message politique ambigu. Si le soutien physique, et tout symbolique, que le Roi apporte à la Religion (v. 923-928) est une marque évidente d'allégeance à la monarchie, la présence d'une instance encore supérieure en la figure de l'Auteur jugeant tous les personnages à part égale, qu'ils soient Roi ou Laboureur, Riche ou Pauvre, confère une portée profondément libératrice à la représentation théâtrale. La tutelle du Roi ou du Riche apparaît en effet purement transitoire, si les hommes peuvent trouver en Dieu dès ici-bas un Père meilleur et plus grand que tous leurs princes. Le christianisme fonde un peuple de rois (« Tu es prêtre, prophète et roi », rappelle-t-on depuis le concile de Trente à l'enfant qui vient d'être baptisé, au moment de lui donner l'onction du saint chrême). Dans cette même perspective, s'il répond aux caractéristiques du *gracioso* de la *comedia*, le Laboureur se trouve libéré du *galán* dans *Le Grand Théâtre du monde* : la *figura del donaire*, le plaisantin, n'est plus le faire-valoir d'aucun jeune premier. Si l'*auto sacramental* s'appuie sur l'idée que la société est ce qu'elle est parce que Dieu laisse faire les hommes, ces mêmes hommes peuvent remettre en question ce qu'ils ont fait : dans le Royaume, le Pauvre passe devant le Riche (v. 1404-1416), la Sagesse devant la Beauté (v. 1416-1420). « Beaucoup de premiers seront derniers, et de derniers seront premiers » (Mt 19, 30). Même dans une société catholique comme l'Espagne de Philippe IV, les chrétiens ne sont pas de ce monde. L'*auto sacramental* est, à sa manière, un texte révolutionnaire.

Le théâtre se regarde

La compénétration des lieux communs dans *Le Grand Théâtre du monde* ne doit pas faire oublier ses aspects novateurs. S'ils clignotent dans le contenu du discours, ils frappent en matière formelle. *Le Grand Théâtre du monde* se structure en effet tout entier autour d'un enchâssement théâtral ou « théâtre dans le théâtre » : il s'agit d'un *procédé* dramatique inventé à l'âge baroque, offrant au *thème* du *theatrum mundi*, dont il se distingue par nature, une mise en forme dramatique singulière. Le procédé connaît un développement et un succès immenses dans l'Europe baroque, notamment en Angleterre et en Espagne, entre 1580 et 1650. En Espagne, les plus grands dramaturges l'emploient dans toutes les formes de théâtre : outre l'*auto sacramental* de Calderón, le théâtre dans le théâtre informe des *comedias*, comme *La Feinte Vérité* de Lope de Vega, *Pedro de Urdemalas* et *Le Timide au palais* de Tirso de Molina, ou des intermèdes comme *Le Retable des merveilles* de Cervantès.

Le « théâtre dans le théâtre » consiste à inclure une représentation théâtrale dans l'intrigue de la pièce, en opérant un changement de niveau de représentation sur la scène, certains personnages de la pièce-cadre devenant spectateurs de la pièce encadrée représentée par d'autres acteurs. Pour reprendre en partie la terminologie proposée pour l'analyse du procédé par Georges Forestier (*Le Théâtre dans le théâtre sur la scène française du XVIIᵉ siècle*, p. 89-94), l'enchâssement théâtral dans *Le Grand Théâtre du monde* est « unique » (on assiste à la représentation d'une seule pièce intérieure, incluant la récitation d'un prologue ou *loa*, v. 659-665) et « central » (sur les 1572 vers de la pièce, il occupe les vers 628 à 1250), mais il n'est pas « monolitique » (la pièce intérieure *Agir bien car Dieu est Dieu* est interrompue à plusieurs reprises par les commentaires du spectateur intérieur qu'est le Monde – remarques sur la Beauté et la Sagesse : v. 725-726, 731-732, 737-738 ; sur le souffleur : v. 833-834 ; sur l'ingénuité du Pauvre : v. 865-868 ; sur ce que représentent le Riche et le Pauvre : v. 881-882 ; sur l'attitude du Roi : v. 889-890 et 975-976). L'enchâssement n'est pas non plus absolument « étanche », puisqu'il existe une communication entre la scène intérieure et les spectateurs intérieurs, laquelle brise à plusieurs reprises la « rampe » symbolique entre ces deux niveaux de représentation (le Laboureur répond au commentaire du Monde : v. 793 ; le Monde avertit le Riche : v. 865-868), mais l'enchâssement est « parfait », puisque la *comedia* intérieure, *Agir bien car Dieu est Dieu*, est représentée en entier, jusqu'à son dénouement dans la mort des acteurs.

L'enchâssement théâtral transforme à bien des égards le spectateur en objet de la représentation : il se voit lui-même représenté sur la scène. Dans *Le Grand Théâtre du monde*, ce dédoublement se fait d'une double façon, puisqu'il y a sur la scène deux types de spectateurs : le spectateur divin (l'Auteur), omniscient, légèrement en retrait dans son globe céleste – image de Dieu tout-puissant –, et le spectateur ordinaire (le Monde), placé sur le *tablado* intermédiaire – image du public réel de l'*auto* lui-même. Calderón tire ainsi parti des conditions spécifiques de la représentation de l'*auto sacramental* pour conférer un sens religieux au dédoublement des personnages sur la scène : le public de l'*auto*, à la différence du public d'autres pièces où le procédé est employé (et qui trouvent leur meilleure expression dans *Le Retable des merveilles* de Cervantès), ne peut donc pas se sentir investi d'un sentiment de supériorité à l'égard du public fictif. Si, dans l'intermède de Cervantès, le public réel est le seul à comprendre ce qui se passe sur la scène fictive (les spectateurs intérieurs étant abusés par un faux spectacle qui n'a pas lieu), public réel et public intérieur ont le même statut chez Calderón ; nous sommes, comme le public intérieur représenté par le Monde, soumis au même regard de l'Auteur.

Le « théâtre dans le théâtre » est lié à un goût pour les structures redoublées, qu'on retrouve aussi dans les beaux-arts, avec « le tableau dans le tableau » ou « le miroir dans le tableau », fréquent dans la peinture de la même époque (*Les Ménines* ou *Les Fileuses* de Velázquez, pour ne citer qu'un seul contemporain de Calderón). Tableau dans le tableau et théâtre dans le théâtre trouvent d'ailleurs une sorte de coïncidence lorsqu'un tableau est introduit sur la scène, ou lorsqu'on conçoit la parole dramatique comme un vaste *ekphrasis*, la description d'un tableau imaginaire (tout le discours inaugural de l'Auteur et du Monde peut être analysé de ce point de vue, v. 1-26 et 83-273 : décrire et dresser un ample décor scénique par le verbe). Le décor scénique peut d'ailleurs être présenté comme un tableau concret, dans les *apariencias* ou effets de scène qui ne cessent d'être évoqués par le texte du *Grand Théâtre du monde* (v. 60, 63, 654, et surtout didascalie entre les vers 627 et 628, qui montre que le globe terrestre édifié sur l'un des chars, par exemple, est perçu comme une vanité picturale, avec ses deux portes sur lesquelles sont peintes un berceau et un tombeau).

L'*auto sacramental* se prête particulièrement bien à l'enchâssement théâtral. D'abord, il est toujours pensé comme la partie d'un spectacle plus grand, celui de la procession eucharistique qui parcourt les rues de la ville. Mais les conditions matérielles de la représentation de l'*auto sacramental* divisent surtout la scène en plusieurs parties distinctes : une scène fixe centrale ou *tablado*, et deux scènes mobiles qui viennent se coller à la précédente, constituées par les plates-formes des deux chars processionnels. Dans *Le Grand Théâtre du monde*, la pièce-cadre se joue sur le *tablado* : c'est le lieu plat qui précède toute création, un lieu indéterminé, le chaos primordial où siègent la Loi divine et le Monde qui contemple le tout créé par Dieu dont il est une partie. La pièce intérieure se joue quant à elle sur les deux chars qui portent chacun un grand globe capable de contenir au moins sept personnages : le premier globe est celui de Dieu et représente l'espace céleste, le deuxième celui des hommes et représente l'espace terrestre. Loin de réduire l'effet du théâtre dans le théâtre à une duplication de l'espace scénique réparti entre pièce-cadre d'une part et pièce encadrée d'autre part, l'enchâssement théâtral opère dans *Le Grand Théâtre du monde* une tripartition de l'espace théâtral, en une scène terrestre de la représentation où se tiennent les acteurs, une scène céleste de la contemplation où se trouve Dieu et un espace médian de transition où s'installent le Monde et la Loi, et par où devront passer les personnages de la pièce intérieure pour quitter le globe terrestre et rejoindre le globe céleste de l'Auteur à la fin de la représentation.

On peut tenter d'évoquer les conditions matérielles de la représentation par un schéma :

Toute l'intrigue du *Grand Théâtre du monde* se nourrit de l'utilisation symbolique de l'enchâssement : l'action dramatique s'organise exclusivement autour du procédé, rien ne se passe sur la scène en dehors de lui (avant la représentation intérieure, nous en voyons les préparatifs ; après la représentation, nous en observons les conséquences). De même qu'il détermine la constitution de trois espaces scéniques, le théâtre dans le théâtre permet donc de délimiter aisément les différentes parties de l'*auto*, découpé en trois étapes marquées par l'ouverture et la fermeture des globes installés sur la plate-forme des deux chars processionnels :

I. Préparation doctrinale et théâtrale de la pièce intérieure (v. 1-627).
    A. L'Auteur conçoit la pièce et le Monde organise le décor (v. 1-278).
    B. L'Auteur distribue les rôles aux acteurs (v. 279-488).
    C. Le Monde distribue les accessoires aux acteurs (v. 489-627).

II. Représentation de la pièce intérieure : *Agir bien car Dieu est Dieu* (v. 628-1254).
    A. Début de la représentation : tripartition de l'espace dramatique par l'ouverture des globes céleste et terrestre, chant d'introduction et prologue ; la Loi prend la place du souffleur (v. 628-674).
    B. Les acteurs jouent aidés par la Loi (v. 675-976).
    C. La Voix appelle à la mort, retour progressif à un espace unique par la fermeture successive des deux globes (v. 977-1254).

III. Conclusion doctrinale et théâtrale : les conséquences de la pièce intérieure (v. 1255-1572).
    A. Le Monde récupère les accessoires (v. 1255-1436).
    B. Après la réouverture du globe céleste, Dieu distribue récompense ou châtiment (v. 1437-1572).
    C. Adoration eucharistique et conclusion générale (v. 1561-1572).

Réflexivité et dénégation théâtrales

L'enchâssement théâtral revêt dans *Le Grand Théâtre du monde* une dimension réflexive évidente : le théâtre semble se regarder comme en un miroir ; il s'interroge sur son fonctionnement propre. Exploité dans une pièce de théâtre, le thème du « théâtre du monde » renvoie spontanément au « monde du théâtre », en proposant une contemplation de l'art dramatique et de ses techniques. Calderón n'utilise pas, toutefois, la réflexivité du théâtre dans le théâtre afin de tenir des propos théoriques sur sa propre pratique dans la pièce : on ne trouvera pas de réflexion systématique sur l'*auto sacramental* en tant que genre dans *Le Grand Théâtre du monde*, ni une mise en abyme générale au sens strict (le thème de la pièce intérieure n'est pas la transposition de la pièce-cadre : ce n'est pas un *auto sacramental*). Rejetant tout à la fois un discours particularisant sur l'*auto sacramental* et une réflexion abstraite sur l'art théâtral, Calderón semble plutôt vouloir proposer une mise en perspective synthétique de la pratique théâtrale de son temps. La pièce intérieure *Agir bien car Dieu est Dieu* est ainsi désignée comme *comedia*, l'autre grand genre, avec l'*auto sacramental*, de la scène espagnole classique (les allégories traditionnelles de l'*auto* sont des personnages types de la *comedia*, et l'on peut constater de multiples points de convergence entre les deux genres : didascalies, polymétrie, recours au prologue, etc.). *Le Grand Théâtre du monde* semble d'ailleurs renvoyer à la *comedia* sous son double aspect : la pièce-cadre évoque plutôt la *comedia* palatine, celle qui se développe, à la demande du Roi, sous le règne de Philippe IV, et que caractérisent des décors en perspective, des effets d'illusion et de machineries évoquées par le grand récit du Monde (v. 67-278), tandis que la *comedia* intérieure rappelle plutôt la pratique populaire des théâtres commerciaux ou *corrales*, plus anciens en Espagne, mais plus rudimentaires dans leurs moyens.

En même temps que cette réflexivité, l'enchâssement théâtral installe sur la scène le phénomène de la dénégation. Présentée ostensiblement comme fictive, la pièce intérieure se voit en effet retirer toute forme de vraisemblance, tandis que la pièce-cadre se voit investie, par contrecoup, d'un effet de réel, renforcé par les dialogues entre l'Auteur et le Monde qui commentent, tel le public de l'*auto*, le déroulement de la représentation intérieure (remarques sur la Beauté et la Sagesse : v. 725-726, 731-732, 737-738 ; sur le souffleur : v. 833-834 ; sur l'ingénuité du Pauvre : v. 865-868 ; sur ce que représentent le Riche et le Pauvre : v. 881-882 ; sur l'attitude du Roi : v. 889-890 et 975-976). Cette dénégation est un des aspects de la conscience autocritique que tous les baroques affectionnent en matière de forme. Ainsi, on peut très bien appliquer au *Grand Théâtre du monde* ce que Pierre Brunel écrit au sujet du *Songe d'une nuit d'été* de Shakespeare : « La maladresse d'une tragédie gauchement et risiblement représentée est l'image que le dramaturge veut présenter, pour mieux la conjurer, de la représentation de sa propre pièce » (*Formes baroques au théâtre*, p. 118). Dans l'extrême brièveté de la *comedia* intérieure, on dénote en effet un aspect d'épure caricaturale : le Monde la désigne comme une « pièce d'apparences » ou un « semblant de *comedia* » (*comedia aparente*, v. 491). Lorsque l'œuvre semble se replier sur elle-même, ce n'est pas pour s'exalter, mais pour montrer la vanité de ce repli. Malgré la réflexivité, grâce à la dénégation, le sujet de la pièce n'est pas la pièce même.

En distinguant ainsi entre deux niveaux de la représentation, celui de la pièce-cadre et celui de la pièce intérieure, le texte de Calderón met en avant l'illusion théâtrale pour mieux la dénoncer. Cette insistance sur le caractère illusoire de la représentation vise en effet à attirer l'attention des spectateurs sur le sens profond de la pièce, au-delà des splendeurs d'un spectacle multiplié au point de n'être plus crédible. Dans *Le Grand Théâtre du monde*, si le vocabulaire du théâtre reste central, si le comparant (le théâtre) est toujours évoqué, le message édifiant porte, lui, essentiellement sur le monde, qui est ici le comparé. Renvoyant à un personnage de la pièce (le Monde), mais surtout au destinataire de toute la pièce (le public de l'*auto sacramental*), ce « monde » est le véritable enjeu de l'écriture caldéronienne, bien plus que la réflexion sur l'art : nous restons dans un théâtre didactique sur le plan théologique, et non dans une leçon de pratique théâtrale. L'autocritique formelle n'est pas première ; elle est un moyen, parmi d'autres, de la démonstration métaphysique. En définitive, comme l'écrit encore Pierre Brunel (*La vie est un songe de Calderón ou le Théâtre de l'Hippogriffe*, p. 59), « Calderón est trop familier du *desengaño* pour ne pas l'étendre à son art même. Mais précisément parce que ce *desengaño* entre dans un mouvement dialectique perpétuellement recommencé, le dramaturge ne brise pas son instrument avant de l'avoir utilisé ».

Mépris ou célébration du monde ?

Le *Grand Théâtre du monde* remet entièrement en question la valeur ontologique du monde. D'abord, puisqu'il est voulu par Dieu, créé par lui, comme toute la pièce le montre dans les propos de l'Auteur, ce Monde est nécessairement bon. Les créatures doivent donc savoir en jouir. La Beauté rappelle ce dernier point à la Sagesse, laquelle ne le nie pas (v. 690-713). Tout le texte de Calderón est une louange de la beauté du monde, suivant, par exemple, un système de métaphores consacrées, favorablement connotées, qui rendent témoignage de son unité (l'« eau » est toujours désignée par son opposé, « cristal » ; les « fleurs » sont les « étoiles » du sol, etc.). Il y a une forme de sensualité dans l'écriture caldéronienne : si l'auteur du *Grand Théâtre du monde* est aussi le rédacteur d'une *Déposition en faveur des professeurs de peinture* (en 1677), on ne sera pas surpris qu'il contemple la nature tout entière comme une immense fresque où tout est sublimé par la métaphore de l'art – tout est *ordonnance* (v. 1), *ombres* (v. 3), *ébauche* et *dessein* (v. 37), *toile* (v. 108), *couleurs* (v. 157), *esquisses* (v. 514), *reflets* (v. 646)…

Pourtant, malgré cette admiration que suscite le monde, la dégradation menace. *Le Grand Théâtre du monde* conduit inéluctablement à la destruction des beautés qu'il décrit, que ce soit dans la mort des personnages de la pièce intérieure (v. 977-1250) ou dans la destruction du monde programmée à la fin des temps (v. 209-224). L'écriture se fait d'ailleurs l'écho de cette décomposition en cours, notamment dans un trait de style propre à l'écriture caldéronienne – l'accumulation récapitulative ou la « dissémination suivie d'une récollection » – étudié par le poète contemporain Dámaso Alonso. Il consiste, avant de présenter un objet dans son unité, à le montrer déstructuré en ses parties (v. 1-26 ; 579-597 ; 1275-1290). Le langage n'apparaît pas alors seulement comme un instrument de louange, mais comme un fragile instrument pour conférer une forme à un monde dont l'harmonie ne va pas de soi.

Tout en chantant la Création, Calderón se place en effet, en un unique mouvement, dans une perspective beaucoup plus sombre, très marquée par un augustinisme qu'il ne faut pas exclure trop rapidement de son système de références. Les créatures sont peut-être voulues par Dieu, mais elles ont été tirées par lui du néant, et de cette provenance elles conservent un manque d'être irréductible. « Les créatures sont et ne sont pas : elle sont en ce qu'elles ont reçu leur être de vous ; et elles ne sont pas, en ce qu'elles ne sont pas ce que vous êtes. » Ainsi s'exprime saint Augustin dans *Les Confessions* (VII, 9), dans la traduction du janséniste Arnauld d'Andilly. L'Auteur qualifie lui-même sa création de simple « apparence » d'être (v. 63), mais le personnage de l'Enfant mort-né exprime de façon paroxysmique cette vanité de la création divine elle-même : il est le non-être, le néant qui n'a pas encore eu le temps de prendre forme et condamné à rien, demeurant dans le flou d'un rôle qui ne comporte aucun texte (v. 373-374) et destiné à vivre éternellement dans le vide des limbes (v. 1508-1511). On comprend dès lors le sens profond du *theatrum mundi* dans *Le Grand Théâtre du monde* : le recours au thème du théâtre, l'illusion sans l'être, est une vaste analogie du manque d'être de toute chose créée, particulièrement lorsque la représentation théâtrale cède sa place, à la fin de l'*auto*, à la cérémonie liturgique, le culte de Dieu dans l'hostie, l'être sans illusion. « Il est temps de passer du théâtre aux autels », comme dit le héros du *Véritable saint Genest* de Rotrou (IV, 7, v. 1370). Dans *Le Grand Théâtre du monde*, Calderón rend compte de la coexistence de ce paradoxe qui est au cœur du rapport à la Création de tout écrivain chrétien : le monde est bon et il peut être un chemin vers Dieu, mais tout à la fois il est défaillant dans son être et il peut représenter un piège. On peut donc le chanter, mais il faut aussi le condamner. Entre ces deux doctrines, l'*auto sacramental* tente de maintenir l'équilibre : il est encore synthèse.

Et malgré tout, la liberté

Calderón recherche l'équilibre jusque dans la présentation de l'intimité humaine. Si pour jouer la comédie l'individu doit être libre, dans quelle mesure cette liberté n'est-elle pas illusoire comme la comédie elle-même ? En suggérant une telle question, *Le Grand Théâtre du monde* prend position dans un débat passionnément controversé au XVIIe siècle, la querelle *De auxillis divinae gratiae*, tout aussi prégnante dans la littérature européenne de l'époque que la métaphore du *theatrum mundi*. Cette querelle sur la liberté individuelle porte sur les rapports entre la grâce divine et le libre arbitre humain : comment ces deux réalités peuvent-elles s'harmo-niser ? La grâce force-t-elle la liberté humaine ? Si tel n'est pas le cas, quelle sorte d'aide (*auxilium*) peut bien représenter la grâce divine dans les décisions libres de l'homme ?

Illustré en France par les *Lettres provinciales* de Pascal ou le *Traité du libre arbitre* de Bossuet, ce débat trouve ses origines en Espagne, dans l'opposition qui se fait jour au XVIe siècle, après la fondation de la Compagnie de Jésus par Ignace de Loyola, entre Jésuites et Dominicains. Dans les controverses théologiques qui passionnent les milieux intellectuels de la péninsule Ibérique, on confronte les doctrines du thomiste Domingo Báñez (1528-1604) à celles, plus novatrices, du jésuite Luis de Molina (1535-1600) [qu'il ne faut pas confondre avec Miguel de Molinos, le théoricien du quiétisme, espagnol lui aussi], contenues dans son ouvrage *Concordia liberi arbitrii cum gratiae donis* (*Harmonie entre le libre arbitre et les dons de la grâce*), publié à Lisbonne en 1588 et devenu, en 1635, un classique des études théologiques. En bon élève des Jésuites, Calderón affirme la liberté absolue de la conscience humaine. Proposant une solution catholique à l'antique conflit tragique, lequel oppose depuis les Grecs la présence toute-puissante des dieux et la liberté des hommes, le molinisme affirme que Dieu concède à tous les hommes le don de la grâce *suffisante* pour pouvoir faire le bien. Celle-ci devient *efficace*, c'est-à-dire capable d'atteindre son but – aider et soutenir concrètement le croyant –, seulement si la volonté de l'individu lui donne son consentement, par un acte de la volonté qui est irréductiblement libre.

L'Auteur offre ainsi à tous les personnages un libre arbitre absolu, et leur explique sa valeur (*el albedrío*, v. 482 et 932). Il semble bien, toutefois, qu'il demeure, dans *Le Grand Théâtre du monde*, une forme de déterminisme. Les personnages ne choisissent par le rôle qu'ils auront à jouer (v. 305-308), c'est l'Auteur qui le leur désigne, et le Monde qui en distribue les attributs. Plus fondamentalement, l'existence même n'est pas libre ; les hommes ne sont pas leur propre cause, comme le rappelle abondamment le Pauvre (v. 379-408). Mais, toujours contre l'affirmation de la liberté, l'attribution des différents rôles paraît surtout déterminer le destin final des personnages : le Riche sera condamné... car on sait bien qu'« il est plus facile à un chameau de passer par un trou d'aiguille qu'à un riche d'entrer dans le Royaume de Dieu » (Luc 18, 25). Les rôles ont la capacité concrète de réduire la liberté de ceux qui les endossent. La sentence finale prononcée par l'Auteur à l'endroit de chacun des personnages peut donc sembler en partie découler nécessairement de leur rôle, et non pas constituer le résultat d'une évaluation portant sur la qualité réelle de leur représentation. L'abstraction des allégories détermine en effet le sort de personnages qui doivent correspondre à ce qu'on attend de telle ou telle notion abstraite : la Beauté ne saurait être trop sage ni le Pauvre un travailleur ; le Laboureur est un rustre, le Riche un égoïste. Et dans la catholique Espagne, on ne peut condamner un Roi sur une scène publique, au cours d'une représentation faite en présence de Philippe IV lui-même.

Tout le monde sait bien, pourtant, que les rois, eux aussi, peuvent aller en enfer... En combinant l'affirmation du libre arbitre absolu et les schémas déterminants de l'allégorie, *Le Grand Théâtre du monde* souhaite en réalité présenter une vision subtile de la liberté humaine. Même pour Luis de Molina, l'affirmation du libre arbitre n'exclut pas une réflexion sur la prédestination. Cette complexité de la nature humaine s'exprime dans la pièce de Calderón à travers la nature même des rôles que tous les personnages reçoivent de l'Auteur, et qu'ils tiennent à la main (*cf.* didascalie v. 333) : ce ne sont pas des textes tout écrits à l'avance, mais plutôt, à la façon de la *commedia dell'arte*, des canevas d'une pièce de théâtre qu'il faudra réussir à jouer du premier coup, sans pouvoir les répéter (v. 447-481). La Loi qui sert de souffleur aux personnages – nouvelle allégorie : la conscience morale est le souffleur de l'âme – ne leur dicte d'ailleurs jamais de paroles à prononcer, mais seulement une attitude générale, une manière d'être : « agir bien car Dieu est

Dieu ». Dès lors, la liberté des personnages s'exprime à deux occasions : dans leur relation au Pauvre – ils doivent le respecter et lui faire la charité –, et dans le repentir que chacun peut avoir de ses erreurs (de ses péchés) au moment de quitter son rôle (et de mourir). Dans une pièce intérieure de très courte durée, ces deux occasions de faire intervenir la liberté individuelle sont autant de points culminants pour l'action dramatique, car l'enjeu de toute la vie humaine – faire son salut – y est chaque fois remis en cause. Dès lors, ce que l'Auteur jugera au terme de la représentation, c'est seulement la façon dont chacun des personnages aura choisi de faire usage de sa marge de liberté, circonscrite, mais bien réelle.

Les desseins profonds de l'Auteur restent cependant inconnus des hommes, car les règles qu'il fixe ne sont pas intangibles. Calderón est un casuiste. À la manière d'un bon confesseur, il juge les usages de la liberté en tenant compte des *circonstances*. La liberté en soi n'a pas de sens. Ainsi, par exemple, le soutien que manifeste le Roi à la Sagesse-Religion n'est-il sans doute pas exclusivement un trait forcé d'allégeance à la Monarchie. Le Roi vient en effet de refuser l'aumône au Pauvre qui passait par là (ce refus est un péché grave, qui entraîne le Riche en enfer), mais la charité immédiate n'est pas forcément déterminante pour un monarque : le Roi peut s'en remettre (certes, lâchement) à son aumônier pour le service des pauvres (v. 887-888) ; il est plus important pour lui de savoir se consacrer personnellement à la défense de la Foi (v. 923-928). Un roi saint serait à la fois un roi charitable et un défenseur de la religion, mais, à choisir, il vaut mieux qu'il soit un défenseur... *Le Grand Théâtre du monde* fait preuve de bon sens. Dans le jugement de l'Auteur, les œuvres concrètes ne sont d'ailleurs pas l'ultime critère du salut, car de bonnes intentions peuvent justifier une action condamnable : si le Laboureur est capable de repentir à la fin de son rôle, autrement dit, s'il est capable de regretter son manque de charité à l'égard du Pauvre – ce qui constitue une faute objective de sa part –, c'est en partie parce qu'il prétendait l'inciter à travailler (v. 896-905 et v. 1472-1479).

Dans *Le Grand Théâtre du monde*, « le pire n'est pas toujours sûr ». *No siempre lo peor es cierto*, pour reprendre le titre que donne Calderón à l'une de ses premières *comedias*, de cape et d'épée. Certes, pour aller directement au paradis, il faut choisir la vie mortifiée de la Sagesse, ou subir le malheur absolu du Pauvre. L'enfer, heureusement, est réservé pour un unique pécheur endurci (le Riche). Nous pourrons tous aller au purgatoire (lequel n'est pas bien long, au regard de l'éternité, v. 1540-1554), pourvu que l'Auteur accepte de nous laisser prendre un rôle (ce qui n'est pas accordé à l'Enfant mort-né). *Le Grand Théâtre du monde* assume donc une dimension tragique de la vie, car il existe un enjeu de la représentation, un salut à gagner, une *prime* à emporter (v. 1542). Le risque est considérable ; l'éternité peut se perdre en un instant. Mais la comédie de chacun peut aussi espérer trouver une fin heureuse ; il suffit de le vouloir et d'y mettre de petits moyens. *Le Grand Théâtre du monde* se joue sur un registre tragi-comique.

François Bonfils.

NOTE SUR LA PRÉSENTE ÉDITION

Le texte espagnol

Du vivant de Calderón, le texte de notre *auto sacramental* fut édité en 1655, sous le titre *El teatro del mundo*, dans le recueil collectif publié à Madrid, chez María de Quiñones, *Autos sacramentales, con quatro comedias nuevas, y sus loas, y entremeses. Primera parte.* La version du texte la plus répandue, sous le titre *El gran teatro del mundo*, figure toutefois seulement au premier tome d'une édition posthume établie par Pedro de Pando y Mier, publiée à Madrid chez Manuel Ruiz de Murga en 1717, *Autos sacramentales, alegóricos e historiales. Parte Primera.* Comme très souvent pour les textes théâtraux du Siècle d'or, aucun manuscrit autographe de la pièce n'est conservé.

Nous reproduisons pour l'essentiel le texte de l'édition publiée en 1997 par John J. Allen et Domingo Ynduráin aux éditions Crítica de Barcelone, dans la collection « Biblioteca clásica » (nous désignons désormais cette édition par le sigle « AY »). S'appuyant sur la version de 1655, AY en corrige les erreurs flagrantes par le recours aux variantes proposées en 1717. Pour connaître le détail de ces différentes erreurs, le lecteur voudra bien se reporter au chapitre « Aparato crítico » de AY (p. 57-61).

Suivant les normes actuellement en usage dans l'édition du théâtre classique espagnol, nous marquons par un retrait le premier vers de chaque nouvelle strophe. Nous prenons par ailleurs le parti de supprimer les archaïsmes de graphie et de rétablir l'orthographe contemporaine, sans modifier la syntaxe, ni la morpho-syntaxe de l'article ou du pronom complément [1]. Nous proposons donc une série d'amendements au texte de AY, afin de donner une plus grande cohérence à la présentation actualisée de l'ensemble du texte, sauf dans les cas où la versification se trouverait modifiée [2]. Nous conservons les futurs du subjonctif [3].

TEXTE DE AY	MODERNISÉ EN	AUX VERS
agora	*ahora*	231, 459, 1174, 1271, 1410, 1428, 1470, 1480, 1488, 1494, 1508, 1520, 1550
colunas	*columnas*	179
condutos	*conductos*	130
Criador	*Creador*	718
dél	*de él*	317, 471, 814, 841
della	*de ella*	627, 1528
dellas	*de ellas*	715, 1125
desta	*de esta*	672, 1208, 1500

1. v. 223 : *que nunca le vean* (*le = el paso*, non remplacé par *lo*) ; v. 233 : *que allá en tu mente le tienes* (*le = el vestuario*, non remplacé par *lo*), v. 354 : *dijérale* (-*le* : COD enclitique neutre, non remplacé par *lo*) ; v. 385 : *le tomo* (*le = el papel*, non remplacé par *lo*) ; v. 591 : *la hambre* (non remplacé par *el hambre*) ; v. 738 : *le oyó* (*le = el apunto*, non remplacé par *lo*) ; v. 744 : *que no le apetezca yo* (*le* = COD neutre, non remplacé par *lo*) ; v. 760 : *en aquestos que la doy* (*la* = COI féminin, non remplacé par *le*) ; didascalie au v. 925-926 : *dala el Rey la mano* (*la*, COI féminin, non remplacé par *le* dans *dala*) ; v. 1147 : *le juzgué* (*le = el Labrador*, non remplacé par *lo*).

2. v. 348 : *grande holgazán* (et non pas : *gran holgazán*) ; v. 677 : *felice* (et non pas *feliz*) ; v. 836 : *infelice* (et non pas *infeliz*) ; v. 877 : *idos* (et non pas *ios*) ; v. 964 : *de espacio* (et non pas *despacio*, Calderón ayant supprimé, par licence poétique et pour les nécessités du décompte des syllabes, l'élision habituelle entre *de* et *espacio*) ; maintien systématique des formes allongées du démonstratif : *aqueste* : v. 28, 297, 372, 557, 770, 797, 1242 ; *aquesta* : 306, 629, 786, 1076 ; *aquestas* : v. 732 ; *aquesto* : v. 1020, 1131 ; *aquestos* : v. 760.

3. v. 125 : *fueren* ; v. 316 : *errare* ; didascalie v. 658-659 : *estuviere* ; v. 1131 : *oyere*.

destas	*de estas*	1548
deste	*de este*	380
déste	*de éste*	575
efeto	*efecto*	1235
espira	*expira*	1322
gimir	*gemir*	583
introduzgo	*introduzco*	660
ñudo	*nudo*	100
obscuridad	*oscuridad*	1189
obscura	*oscura*	34, 546, 1182
obscuras	*oscuras*	1181
obscuro	*oscuro*	88
perficionó	*perfeccionó*	964
vení	*venid*	1206

Nous corrigeons trois erreurs et une omission de AY.

TEXTE DE AY	CORRIGÉ EN	AUX VERS
su	tu	34
[---]	Enséñale el papel.	didascalie du v. 511
Hermosura	Mundo	865 [nom du personnage prenant la parole]
le atormente	te atormente	1530

Nous modernisons systématiquement la ponctuation selon les règles actuellement en vigueur en espagnol, souvent distinctes de l'usage français, afin de faciliter la compréhension du sens littéral. Le cas échéant, les majuscules ont été conservées conformément au même usage contemporain, ainsi que pour les noms des personnages allégoriques (*hermosura* [nom commun] ≠ *Hermosura* [nom de personnage]).

TEXTE DE AY	MODIFIÉ EN	AUX VERS
¿Quién me llama? *Que desde el duro centro* *de aqueste globo que me esconde dentro* *alas viste veloces :* *¿Quién me saca de mí?* *¿Quién me da voces?*	*¿Quién me llama,* *que desde el duro centro* *de aqueste globo que me esconde dentro* *alas viste veloces?* *¿Quién me saca de mí?* *¿Quién me da voces?*	26-30
y, huyendo el vapor obscuro, *para alumbrar el teatro,*	*y, huyendo el vapor oscuro* *para alumbrar el teatro,*	88-89
porque todo mal seguro	*porque todo, mal seguro,*	144
una llama, un rayo puro, *cubrirá, porque no falte*	*una llama, un rayo puro* *cubrirá, porque no falte*	212-213

Y para que no les falten las galas y adornos juntos, para vestir los papeles	Y para que no les falten las galas y adornos juntos, para vestir los papeles,	243-245
La hermosura	La Hermosura	512
Mis entrañas para ti a pedazos romperé de mis senos sacaré toda la plata y el oro,	Mis entrañas para ti a pedazos romperé; de mis senos sacaré toda la plata y el oro,	523-526
a quien yo el teatro doy las vestiduras y trajes	a quien yo el teatro doy, las vestiduras y trajes	620-621
pero muy hinchado yo	pero muy hinchado yo,	788
[…] Servid noramala, no os andéis hecho bribón :	[…] ¡Servid, noramala! No os andéis hecho bribón.	901-902
¿vuelva a su centro, a no ser lo que fue? (¡Qué confusión!)	vuelva a su centro, ¿a no ser lo que fue? (¡Qué confusión!)	1001-1002
de su pompa y de su honor, faltó el Rey.	de su pompa y de su honor faltó el Rey.	1010-1011
a su sagrado el poder	a su sagrado el Poder	1217
yo me anticipo a la Voz del sepulcro […]	yo me anticipo a la voz del sepulcro, […]	1244-1245
desde que en brazos del Aurora nace	desde que en brazos del aurora nace,	1277
que éste el teatro es de las ficciones,	que éste el teatro es de las ficciones.	1388
¿Tú también, tanto baldonas mi poder que vas delante?	¿Tú también, tanto baldonas mi poder, que vas delante?	1404-1405
Pues vivo con esperanzas, vuele el siglo, el tiempo corra.	Pues vivo con esperanzas, vuele el siglo, el tiempo corra.	1491-1492
Si el poder y la hermosura	Si el Poder y la Hermosura,	1511
No tengo para mí gloria.	No tengo, para mí, gloria.	*1544*

Les annotations au texte espagnol et la traduction française

Conformément aux principes de la collection, les notes de bas de page concernent les termes techniques et tout ce qui relève de l'interprétation du texte :

éclaircissement des passages obscurs et explications d'ordre culturel.

Les définitions de mots sont données d'après le *Dictionnaire de la langue française* [1] [1863-1872] d'Émile Littré (abrégé en *Littré*) ou traduites d'après le *Diccionario de Autoridades* [2] [1726-1739] (abrégé en *Dic. Aut.*). Les références aux textes bibliques sont présentées en notes suivant l'usage. Afin que le lecteur puisse mesurer à sa juste portée l'innutrition biblique de la pièce de Calderón, ces textes sont proposés *in extenso* à la fin de l'ouvrage, dans la traduction de la Bible de Jérusalem [3].

Ne figurent pas en note les raisons pour lesquelles nous avons choisi tel sens pour tels mots et tels passages. Nos choix de traduction s'appuient en effet presque toujours sur des considérations portant sur la langue espagnole à l'époque de Calderón, et la description systématique de ces faits linguistiques nous aurait conduit trop loin. Considérant en outre que la traduction proposée en regard du texte espagnol constitue, à sa façon, une tentative d'élucidation systématique des difficultés linguistiques, nous les avons commentées seulement en des cas très particuliers : lorsque la version française s'avère impropre à rendre compte d'un phénomène *lexical* (occurrence très spécifique d'un mot, jeu de mots, polysémie simplifiée par la traduction) ou lorsque plusieurs lectures syntaxiques d'un même passage sont possibles (v. 645-647 et v. 1059-1062).

Le texte de *El gran teatro del mundo* présente une double série de défis au traducteur. Les défis, tout d'abord, que présente communément un texte en langue espagnole classique (ceux de la compréhension d'un sens littéral souvent hermétique, y compris pour

---

1. Émile Littré, *Dictionnaire de la langue française* [1863-1872], éd. Géraud Venzac, Paris, Éditions universitaires, 1959.
2. Real Academia Española, *Diccionario de Autoridades* [1726-1739], éd. fac., Madrid, Gredos, 1984.
3. *La Bible de Jérusalem traduite en français* sous la direction de l'École biblique de Jérusalem, Paris, Cerf, 1998.

un lecteur espagnol cultivé d'aujourd'hui). Les défis, ensuite, de toute tentative de transposition formelle d'une œuvre qui se donne à la fois comme texte théâtral *et* comme texte poétique, véritable « poème dramatique ». Suivant une tradition bien établie pour la traduction du théâtre espagnol du Siècle d'or, nous n'avons pas cherché à restituer en des vers français nécessairemement artificiels une pièce dont la polymétrie est une caractéristique formelle permanente, étrangère au génie de l'écriture théâtrale classique en français. Notre version est donc un texte en prose, disposé sous forme de « vers » seulement pour faciliter la confrontation avec l'original espagnol. Présenté en regard, le texte de Calderón peut ainsi demeurer la référence constante du lecteur. Nous avons délibérément choisi de proposer une traduction à visée pédagogique, pensée pour aider à la lecture de l'original espagnol. Soucieux néanmoins de procurer aussi un texte français autonome, lisible par lui-même, et peut-être pour lui-même, nous avons essayé de ne jamais céder à la tentation de l'interprétation, ni même de l'adaptation. Si le traducteur est une sorte de traître (*traduttore traditore*), nous espérons, ce faisant, qu'une telle entreprise en fera tout aussi bien un serviteur utile.

Que soient ici remerciées Francisca Tomar Romero, qui nous a soutenu dans ce travail, et Céline Gilard, qui a bien voulu relire la totalité du manuscrit.

EL GRAN TEATRO DEL MUNDO

AUTO SACRAMENTAL ALEGÓRICO

LE GRAND THÉÂTRE DU MONDE

AUTO SACRAMENTAL ALLÉGORIQUE

PERSONAS QUE HABLAN EN ÉL:

EL AUTOR [1]
EL MUNDO
EL REY
LA DISCRECIÓN
LA LEY DE GRACIA
LA HERMOSURA
EL RICO
EL LABRADOR
EL POBRE
EL NIÑO
UNA VOZ
ACOMPAÑAMIENTO

---

1. Le mot *autor* revêt plusieurs sens en espagnol, qui se combinent ici et tout au long de la pièce : *créateur* (il s'emploie alors pour désigner *Dieu* lui-même), *inventeur*, *écrivain*, *chef de troupe théâtrale* ou *imprésario*, et *metteur en scène*.

PERSONNAGES QUI S'Y EXPRIMENT :

L'AUTEUR
LE MONDE
LE ROI
LA SAGESSE
LA LOI DE GRÂCE
LA BEAUTÉ
LE RICHE
LE LABOUREUR
LE PAUVRE
L'ENFANT
UNE VOIX
DES FIGURANTS

(Sale el Autor con manto de estrellas y potencias[1] *en el sombrero.)*

AUTOR.   Hermosa compostura
de esta varia inferior arquitectura,
que entre sombras y lejos[2]
a esta celeste usurpas los reflejos,
cuando con flores bellas   5
el número compite a sus estrellas,
siendo con resplandores
humano cielo de caducas flores.
Campaña de elementos,
con montes, rayos, piélagos y vientos: 10
con vientos, donde graves
te surcan los bajeles de las aves;
con piélagos y mares, donde a veces
te vuelan las escuadras de los peces;
con rayos, donde ciego   15
te ilumina la cólera del fuego;
con montes, donde dueños absolutos
te pasean los hombres y los brutos;
siendo en continua guerra
monstruo de fuego y aire, de agua y tierra[3].   20
Tú, que siempre diverso,

---

1. Emprunté au vocabulaire pictural, le terme *potencias* désigne « les neuf rayons lumineux qui forment, par groupes de trois, une sorte de couronne sur les statues de l'Enfant Jésus, pour exprimer le pouvoir universel qui est le sien sur toute la création » (*Dic. Aut.*). Le terme « gloire » peut désigner en français cette sorte de nimbe, qui figure dans l'iconographie autour de la tête du Créateur ou du Christ.

2. Dans le vocabulaire pictural, le substantif *lejos* (à ne pas confondre avec l'adverbe homonyme *lejos*, dont il est issu) désigne

(L'Auteur entre en scène, vêtu d'un manteau d'étoiles, des rayons à son chapeau.)

L'AUTEUR.   Grandiose ordonnance
   de cette architecture terrestre aux multiples aspects,
   toi qui, par tes ombres et tes lointains,
   usurpes ses reflets à mon édifice céleste,
   lorsque tes belles fleurs
   rivalisent en nombre avec les étoiles,
   tu es dans tes splendeurs
   un ciel humain de périssables fleurs.
   Vaste champ d'éléments,
   de monts, d'éclairs, d'océans et de vents :
   vents que de leur poids
   sillonnent les oiseaux comme autant de vaisseaux ;
   océans et mers où volent quelquefois
   les escadres de tes poissons ;
   éclairs où le feu aveugle
   t'illumine de sa colère ;
   monts qu'en maîtres absolus parcourent
   les hommes et les bêtes ;
   tu es, toujours en guerre,
   un monstre de feu et d'air, d'eau et de terre.
   Toi qui, toujours divers,

les objets représentés comme éloignés sous l'effet de la perspective géométrique, fondée sur une diminution des proportions (Dieu est donc à la fois architecte *et* peintre, suivant la vision topique du *Deus pictor*).

3. Le feu, l'air, l'eau et la terre sont les quatre éléments qui composent le monde, toujours en lutte les uns envers les autres, selon les théories remontant au médecin grec Galien (IIe s. av. J.-C.), encore très influentes au XVIIe siècle.

la fábrica feliz del Universo [1]
eres, primer prodigio sin segundo,
y, por llamarte de una vez, tú el Mundo,
que naces como el Fénix [2] y en su fama   25
de tus mismas cenizas.

(Sale el Mundo por diversa puerta.)

MUNDO.   ¿Quién me llama,
que desde el duro centro
de aqueste globo que me esconde dentro
alas viste veloces?
¿Quién me saca de mí? ¿Quién me da voces?   30

AUTOR.   Es tu Autor soberano.
De mi voz un suspiro, de mi mano
un rasgo es quien te informa,
y a tu oscura materia le da forma [3].

MUNDO.   Pues, ¿qué es lo que me mandas? ¿Qué   35
[me quieres?

AUTOR.   Pues soy tu Autor, y tú mi hechura eres,
hoy de un concepto [4] mío
la ejecución a tus aplausos fío:
una fiesta hacer quiero
a mí mismo poder, si considero   40
que sólo a ostentación de mi grandeza
fiestas hará la gran naturaleza [5];
y como siempre ha sido

---

1. La *fábrica*, « édifice somptueux », désigne traditionnellement en poésie l'univers tout entier, suivant une cosmogonie remontant à Ptolémée, très répandue à la Renaissance et jusqu'à l'époque baroque dans le discours littéraire : suivant les auteurs, l'univers serait composé de huit à onze sphères concentriques autour de la terre, s'intégrant les unes aux autres de façon harmonieuse au moindre mouvement de chacune des parties du monde.
2. Oiseau mythique qui renaît de ses propres cendres, le Phénix évoque ici le rythme des saisons et la renaissance perpétuelle du monde dans la succession des hivers et des printemps.
3. L'Auteur exprime la conception scolastique de l'Être, fondée sur la doctrine aristotélicienne suivant laquelle tout être particulier est composé d'une matière, d'une forme et d'une substance. La matière brute qui précède la mise en forme du monde renvoie à

es l'heureux édifice de l'Univers,
prodige originel sans égal,
et, pour t'appeler enfin par ton nom, toi, le Monde,
toi qui renais comme le Phénix, et avec une même
[gloire,
de tes propres cendres.

(Le Monde entre par une autre porte.)

LE MONDE. Qui m'appelle,
et, du noyau insensible
de cette sphère qui me cache,
d'ailes rapides me revêt ?
Qui m'arrache à moi-même ? Qui me lance des cris ?

L'AUTEUR. C'est ton Auteur souverain.
Un soupir de ma voix,
un signe de ma main t'informent,
et à ton obscure matière ils donnent forme.

LE MONDE. Eh bien ! que m'ordonnes-tu ? Que me veux-
[tu ?

L'AUTEUR. Puisque je suis ton Auteur, et toi ma créature,
aujourd'hui, je veux soumettre
à ton approbation la réalisation de l'un de mes desseins.
Je veux donner une fête
en l'honneur de mon propre pouvoir, car je sais
que la vaste nature n'en donnera
que pour l'ostentation de ma grandeur.
Et comme une représentation bien applaudie

---

la notion de *chaos*, création primordiale de Dieu en attente d'*information*.

4. Dans le vocabulaire pictural, le terme *concepto* désigne (à côté de son sens habituel d'« idée », de « jugement », de « dessein ») « l'idée ou le dessein intentionnel formés par le peintre qui invente un sujet, avant même de le dessiner » (*Dic. Aut.*), autrement dit l'« esquisse » ou l'« ébauche ». Calderón réunit les deux sens car, pour Dieu, « concevoir » et « ébaucher » la création constituent un acte unique (*cf.* Gn 1, 3★).

5. La nature, *ancilla Dei*, servante de Dieu, est appelée à poursuivre de façon autonome (comme cause seconde) l'œuvre de la création commencée par Dieu (qui est la cause première). Elle opère alors la création dite « continuée », le maintien du monde dans l'existence.

>   lo que más ha alegrado y divertido
>   la representación bien aplaudida,   45
>   y es representación la humana vida,
>   una comedia sea
>   la que hoy el cielo en tu teatro vea;
>   si soy autor y si la fiesta es mía,
>   por fuerza la ha de hacer mi compañía[1];   50
>   y pues yo escogí de los primeros,
>   los hombres, y ellos son mis compañeros,
>   ellos en el teatro
>   del mundo, que contiene partes cuatro[2],
>   con estilo oportuno,   55
>   han de representar. Yo a cada uno
>   el papel le daré que le convenga.
>   Y porque en fiesta igual su parte tenga
>   el hermoso aparato
>   de apariencias[3], de trajes el ornato,   60
>   hoy prevenido quiero
>   que alegre, liberal y lisonjero
>   fabriques apariencias[4]
>   que de dudas se pasen a evidencias.
>   Seremos, yo el autor, en un instante,   65
>   tú el teatro, y el hombre el recitante.

MUNDO.   Autor generoso mío,
           a cuyo poder, a cuyo
           acento obedece todo,
           yo, el gran teatro del mundo,   70
           para que en mí representen
           los hombres, y cada uno
           halle en mí la prevención
           que le importe al papel suyo,

---

1. Jeu de mots sur *compañía* : « troupe de théâtre » et « compagnie ». Les hommes, créés à l'image de Dieu, sont les seules créatures aptes à faire à la fois partie de sa troupe et à lui tenir compagnie. Ce jeu de mots est repris constamment dans la pièce (*cf.* v. 632, 1430, 1443, 1527).

2. Les quatre parties du monde sont l'Europe, l'Afrique, l'Amérique et l'Asie, seuls continents définis à l'époque.

3. Les *apariencias* désignent un effet de scène particulier accompli par des machines : c'est le plus souvent un tableau muet, peint

est ce qui a toujours le mieux réjoui, le mieux plu,
et que la vie humaine est une représentation,
je veux que ce soit une pièce de théâtre
que le ciel puisse voir aujourd'hui sur ton théâtre.
Si je suis l'auteur, et si la fête est mienne,
ma compagnie forcément la jouera.
Et puisque j'ai choisi les hommes pour les premiers rôles
et qu'ils sont les acteurs de ma compagnie,
c'est à eux qu'il revient,
sur le théâtre
du monde, qui contient quatre parties,
de jouer
avec le style qui convient.
Je donnerai à chacun le rôle qu'il lui faut.
Et pour qu'en cette fête
le bel apparat des machines et la richesse
des costumes jouent un même rôle,
je veux aujourd'hui que, par moi préparé,
joyeux, libéral et charmant,
tu fasses des décors
qui de douteux qu'ils sont passent pour certitudes.
Nous serons, moi l'auteur, en un instant,
toi, le théâtre, et l'homme, le récitant.

LE MONDE.   Auteur généreux de mon être,
dont le pouvoir, dont la voix
soumettent toute chose,
je serai, moi, le grand théâtre du monde,
afin que les hommes puissent jouer
sur moi la comédie,
et que chacun puisse trouver en moi
tout ce qu'il faut, bien préparé, pour jouer son rôle.

---

ou représenté par des acteurs silencieux, présenté de façon furtive sur la scène en guise de décor, à l'aide de rideaux que l'on tire et que l'on referme suivant les besoins.
    4. Jeu de mot sur les deux sens de *apariencias*, « effet de scène, décor » et « apparence », pour désigner le passage du chaos primordial aux formes définitives de la Création, qui ne sont que des « apparences » trompeuses (comme les décors au théâtre), au regard de l'être véritable, qui demeure en Dieu seul.

      como parte obedencial[1]   75
   —que solamente ejecuto
   lo que ordenas, que aunque es mía
   la obra, es milagro tuyo[2]—
   primeramente porque es
   de más contento y más gusto   80
   no ver el tablado antes
   que esté el personaje a punto,
   lo tendré de un negro velo
   todo cubierto y oculto[3]:
   que sea un caos, donde estén   85
   los materiales confusos.
   Correráse aquella niebla[4]
   y, huyendo el vapor oscuro
   para alumbrar el teatro,
   porque adonde luz no hubo   90
   no hubo fiesta, alumbrarán
   dos luminares[5], el uno
   divino farol del día,
   y de la noche nocturno
   farol el otro, a quien arden   95
   mil luminosos carbunclos[6],
   que en la frente de la noche
   den vividores influjos[7].
   En la primera jornada,
   sencillo y cándido nudo   100

1. *Parte obedencial* désigne le rôle (*papel* ou, ici, *parte*) de celui qui, mû par la seule foi, obéit à la volonté de Dieu sans chercher à comprendre ses raisons, et sans réserves ; l'expression renvoie à la vertu d'obéissance absolue.
2. Le miracle est celui de la Création.
3. Le rideau noir est sans doute une métaphore du chaos primordial.
4. Ici commence, en termes de théâtre, la paraphrase du premier récit biblique de la création du monde en six jours (Gn 1, 1-26*). Calderón présente, lui, la création en trois étapes (*Loi naturelle*, v. 99-166 ; *Loi écrite*, v. 167-198 ; *Loi de grâce*, v. 199-224 ; *cf.* notes aux v. 101, 169, 203), en insistant sur le caractère tripartite de l'action divine dans l'histoire du salut, qu'il rapporte à la composition de la *comedia* espagnole classique, divisée en trois

Le mien est d'obéir,
car je ne fais qu'exécuter
ce que tu ordonnes, car si l'ouvrage m'appartient,
le miracle te revient.
D'abord, puisqu'on apprécie
avec plus de plaisir
de ne pas voir les planches
avant que le personnage ne soit prêt,
je garderai sous un voile noir
tout le plateau couvert et bien caché :
qu'il soit un chaos où les matériaux
se confondent.
Cette brume se dissipera
et, quand les sombres vapeurs se seront enfuies
pour éclairer le théâtre,
car sans lumière
il ne peut y avoir de fête,
deux luminaires s'enflammeront,
l'un divin fanal du jour,
et l'autre, de la nuit, phare nocturne
où brûlent
mille escarboucles lumineuses,
qui sur le front de la nuit
feront sentir leurs durables influences.
Au premier acte,
simple et candide nœud

---

journées (*jornadas*) ou actes (évoqués aux vers 99, 168 et 199-200).

5. Dans le langage biblique (Gn 1, 14-19*), les luminaires désignent les astres qui brillent dans le ciel, ici le soleil et la lune.

6. Une tradition ancienne rapportait que les escarboucles (terme ancien pour désigner le rubis) pouvaient briller dans la nuit, portés par un animal fantastique (le plus souvent apparenté à un loup) sur son *front*. Le mot s'emploie communément dans le langage poétique pour désigner les étoiles.

7. À côté de Dieu, cause première, les astres président aussi aux destinées de la terre, comme autant de causes secondes. Les « influences » sont une « sorte d'écoulement matériel que l'ancienne physique supposait provenir du ciel et des astres et agir sur les hommes et sur les choses » (Littré).

de la gran Ley Natural [1],
allá en los primeros lustros,
aparecerá un jardín [2]
con bellísimos dibujos,
ingeniosas perspectivas, 105
que se dude cómo supo
la naturaleza hacer
tan gran lienzo sin estudio.
Las flores, mal despuntadas
de sus rosados capullos, 110
saldrán la primera vez
a ver el alba con susto.
Los árboles estarán
llenos de sabrosos frutos,
si ya el áspid de la envidia 115
no da veneno en alguno [3].
Quebraránse mil cristales
en guijas, dando su curso,
para que el alba los llore
mil aljófares menudos. 120
Y para que más campee
este humano cielo, juzgo
que estará bien engastado
de varios campos incultos.
Donde fueren menester 125
montes y valles profundos,
habrá valles, habrá montes;
si ríos, sagaz y astuto,
haciendo zanjas la tierra,
llevaré por sus conductos, 130
brazos del mar desangrados,
que corran por varios rumbos.

---

1. En théologie, la Loi naturelle désigne l'ensemble des préceptes qui précèdent chronologiquement et rationnellement la révélation biblique. Elle désigne donc l'ensemble des règles morales qui peuvent éclairer tout homme guidé par une droite raison, quelle que soit sa connaissance des lois établies par Dieu ; ces règles serviront de critère au jugement dernier des hommes morts avant la manifestation de la révélation. Sur le plan chronologique, la Loi naturelle renvoie aux temps antérieurs à Moïse.

de la grande Loi Naturelle,
dans les premiers temps,
un jardin apparaîtra
formant de magnifiques dessins,
avec d'ingénieuses perspectives,
de sorte qu'on se demandera comment
la nature a pu faire une si grande toile
sans étude préalable.
Les fleurs, encore mal dégagées
de leur bourgeon rosé,
verront pour la première fois
surgir l'aube avec effroi.
Les arbres seront
couverts de fruits savoureux,
tant que l'aspic de l'envie
n'aura pas encore mis son venin dans l'un d'entre eux.
Mille cristaux
se briseront à leur passage sur des cailloux,
afin que l'aube les pleure
en milliers de perles menues.
Et pour que ce ciel humain
ressorte davantage, je décide
qu'on le sertira convenablement
de plusieurs champs incultes.
Et là où il faudra
des montagnes et des vallées profondes,
il y aura des vallées, il y aura des montagnes ;
s'il faut des fleuves, habile et astucieux,
transformant le sol en tranchées,
je guiderai les fleuves par leurs canaux
comme autant de bras de mer déliés
qui couleront de toutes parts.

---

2. C'est le jardin d'Éden ou paradis terrestre (*cf.* Gn 2, 8-15★).
3. L'aspic fait allusion à l'arbre de la connaissance du bien et du mal, le seul dont les fruits sont interdits aux hommes dans le paradis terrestre, et dans le fruit duquel, suggère Calderón, le démon jaloux, traditionnellement représenté sous la forme d'un serpent, aurait déposé son venin (Gn 2, 16-17★ et 3, 1-13★).

Vista la primera escena
sin edificio ninguno,
en un instante verás
cómo repúblicas fundo,
cómo ciudades fabrico,
cómo alcázares descubro.
Y cuando solicitados
montes fatiguen algunos
a la tierra con el peso
y a los aires con el bulto,
mudaré todo el teatro,
porque todo, mal seguro,
se verá cubierto de agua
a la saña de un diluvio[1].
En medio de tanto golfo,
a los flujos y reflujos
de ondas y nubes, vendrá
haciendo ignorados surcos
por las aguas un bajel[2]
que fluctuando seguro
traerá su vientre preñado
de hombres, de aves y de brutos.
A la seña que en el cielo
de paz hará un arco rubio
de tres colores[3] pajizo,
tornasolado y purpúreo,
todo el gremio de las ondas,
obediente a su estatuto,
hará lugar, observando
leyes que primero tuvo,
a la cerviz de la tierra,
que sacudiéndose el yugo,
descollará su semblante,
bien que macilento y mustio.
Acabado el primer acto,
luego empezará el segundo,

---

1. Le Monde évoque le Déluge universel (Gn 7, 17-24★ ; 8, 1-22★), par lequel s'achève l'acte I de la Création.
2. Ce vaisseau est l'arche de Noé (Gn 6, 13-22★).

Ayant vu la première scène
sans aucune construction,
tu me verras en un instant
fonder des États,
fabriquer des villes,
découvrir des palais.
Et lorsque les quelques montagnes
que j'invoque lasseront
la terre de leur poids
et les airs de leur masse,
je changerai tout le théâtre
afin que toute chose, mal assurée,
se trouve submergée
par la fureur d'un déluge.
Au milieu de tant de mer,
dans le flux et le reflux
des ondes et des nuées,
un vaisseau avancera sur les eaux
laissant des sillages ignorés ;
voguant en sûreté,
il aura le sein gonflé
d'hommes, d'oiseaux et de bêtes.
Au signal de paix que tracera
dans le ciel un arc doré
à trois couleurs – paille,
violet chatoyant et pourpre –,
toute la corporation des ondes,
obéissant à son statut,
observant ses règles primitives,
fera place à l'échine de la terre,
laquelle, secouant son joug,
dressera son visage,
quoique maigre et flétri.
Dès que le premier acte sera terminé,
le deuxième commencera aussitôt,

---

3. À l'issue du Déluge, l'arc-en-ciel annonce la réconciliation de Dieu avec les hommes (Gn 9, 8-17*). Calderón mentionne seulement trois des couleurs de l'arc-en-ciel.

Ley Escrita[1], en que poner
más apariencias procuro,   170
pues para pasar a ella,
pasarán con pies enjutos
los hebreos desde Egipto
los cristales del Mar Rubio[2];
amontonadas las aguas,   175
verá el sol que le descubro
los más ignorados senos
que ha mirado en tantos lustros.
Con dos columnas de fuego[3]
ya me parece que alumbro   180
el desierto, antes de entrar
en el prometido fruto[4].
Para salir con la Ley,
Moisés, a un monte robusto[5]
le arrebatará una nube   185
en el rapto[6] vuelo suyo.
Y esta segunda jornada
fin tendrá en un furibundo
eclipse, en que todo el sol
se ha de ver casi difunto[7].   190
Al último parasismo[8]
se verá el orbe cerúleo
titubear, borrando tantos
paralelos y coluros[9].

---

1. En théologie, la Loi écrite désigne l'ensemble des préceptes contenus dans les Tables de la Loi rapportées par Moïse du mont Sinaï (Ex 19-31), dont les dix commandements constituent le cœur (Ex 20, 1-17★). Sur le plan chronologique, la Loi écrite renvoie aux temps de la révélation biblique de l'Ancien Testament, de Moïse à Jésus.
2. Allusion au passage de la mer Rouge par les Hébreux (Ex 14, 15-29★).
3. Allusion à la Nuée de feu qui guida les Hébreux dans le désert du Sinaï, à leur sortie d'Égypte (Nb 9, 15-23★).
4. Le fruit promis est l'entrée en Terre *promise*, *fruit* de la promesse divine au peuple hébreu.
5. Le mont Sinaï, où Moïse monta et reçut les Tables de la Loi (Ex 19, 18-20★).

Loi Écrite, où j'essaie de mettre
plus de machineries,
car pour y passer,
les Hébreux quittant l'Égypte
passeront à pied sec
les cristaux de la mer Rouge ;
les eaux s'étant accumulées,
le soleil verra que je découvre pour lui
les profondeurs les plus inconnues
qu'il ait vues depuis des lustres.
Par deux colonnes de feu,
il me semble déjà que j'éclaire
le désert, avant l'entrée
dans le fruit promis.
Pour obtenir la Loi,
Moïse sera ravi
sur une montagne robuste
par une nuée
dans son envol rapide.
Et ce deuxième acte s'achèvera
sur une éclipse effrayante,
où le soleil tout entier
se verra presque défunt.
Dans l'ultime paroxysme,
on verra la sphère céruléenne
vaciller, effaçant tant de
parallèles et de colures.

6. *Rapto* = *rápido* (archaïsme déjà du temps de Calderón, en usage pour qualifier le mouvement des astres ou des nuées).
7. Allusion à l'éclipse du soleil et à la déchirure du voile du temple de Jérusalem qui suivirent la mort de Jésus (Mt 27, 45-53* ; Lc 23, 44-46*).
8. *Parasismo* = archaïsme lexical pour désigner la dernière syncope d'un agonisant, souvent utilisé par Calderón. L'ultime « paroxysme » renvoie ici aux catastrophes cosmiques qui accompagneront la parousie du Christ, son retour dans la gloire à la fin des temps (Mt 24, 29-31* ; Mc 13, 24-27* ; Lc 21, 25-28*).
9. Colure : « chacun des deux grands cercles géographiques qui s'entrecoupent à angles droits aux pôles du monde et qui passent, l'un par les points solsticiaux, l'autre par les points équinoxiaux de l'écliptique » (Littré).

        Sacudiránse los montes   195
        y delirarán los muros,
        dejando en pálidas ruinas
        tanto escándalo caduco[1].
        Y empezará la tercera
        jornada, donde hay anuncios   200
        que habrá mayores portentos,
        por ser los milagros muchos
        de la Ley de Gracia[2], en que
        ociosamente discurro.
        Con lo cual, en tres jornadas,   205
        tres leyes y un estatuto[3],
        los hombres dividirán
        las tres edades del mundo;
        hasta que, al último paso,
        todo el tablado, que tuvo   210
        tan grande aparato en sí,
        una llama, un rayo puro
        cubrirá, porque no falte
        fuego en la fiesta. ¿Qué mucho
        que aquí balbuciente el labio   215
        quede absorto, quede mudo?
        De pensarlo, me estremezco;
        de imaginarlo, me turbo;
        de repetirlo, me asombro;
        de acordarlo, me consumo.   220
        Mas ¡dilátese esta escena,
        este paso horrible y duro,
        tanto, que nunca le vean
        todos los siglos futuros!
        Prodigios verán los hombres   225

---

1. Sur la Terre promise, la permanence même des murailles (synecdoque probable du temple de Jérusalem) constitue un scandale, dans la mesure où le judaïsme n'a pas voulu reconnaître le Messie en Jésus.

2. En théologie, la Loi de grâce (également appelée Loi nouvelle ou Loi évangélique) désigne l'ensemble des préceptes établis par Jésus dans les Évangiles. Sur le plan chronologique, la Loi de grâce renvoie à l'ère chrétienne, qui est la dernière époque de l'humanité

Les montagnes s'ébroueront
et les murailles délireront,
ne laissant que de pâles ruines
d'un si grand scandale éphémère.
Alors commencera l'acte trois,
où l'on annonce
qu'il y aura de plus grands prodiges encore,
car la Loi de Grâce apporte
de nombreux miracles,
dont je parlerais en vain.
Ainsi donc, en trois actes,
en trois lois mais en un seul statut,
les hommes diviseront
les trois âges du monde.
Au dernier tableau enfin,
toutes ces planches,
qui supportèrent un si grand appareil,
une flamme, un pur éclair
les couvriront, afin que le feu
ne manque point
à la fête. Quoi d'étonnant qu'ici
ma lèvre balbutiante
demeure suspendue, qu'elle demeure muette ?
Y penser me fait frémir ;
l'imaginer me confond ;
le redire m'épouvante ;
le rappeler me consume.
Mais que cette affreuse scène,
que ce tableau horrible et cruel,
puissent être tellement reportés
qu'ils ne soient jamais vus
de tous les siècles à venir !
Les hommes verront des prodiges

avant la consommation des siècles, au moment de la parousie du Christ, son retour dans la gloire et la destruction du monde présent (évoquée dans les vers suivants).

3. Selon l'époque où ils auront vécu, les hommes se verront soumis à des règles distinctes, quoique complémentaires (Loi naturelle, écrite ou de grâce), mais ils auront toujours le même statut face à cette loi : le devoir d'y obéir.

en tres actos, y ninguno
a su representación
faltará por mi descuido.
Y pues que ya he prevenido
cuanto el teatro, presumo 230
que está todo ahora; cuanto [1]
al vestuario, no dudo
que allá en tu mente le tienes,
pues allá en tu mente juntos,
antes de nacer, los hombres 235
tienen los aplausos suyos [2].
Y para que desde Ti
a representar al mundo
salgan y vuelvan a entrarse,
ya previno mi discurso 240
dos puertas: la una es la cuna
y la otra es el sepulcro.
Y para que no les falten
las galas y adornos juntos
para vestir los papeles, 245
tendré prevenido a punto
al que hubiere de hacer Rey,
púrpura y laurel augusto;
al valiente capitán,
armas, valores y triunfos; 250
al que ha de hacer el ministro,
libros, escuelas y estudios.
Al religioso, obediencias;
al facineroso, insultos;
al noble le daré honras, 255
y libertades [3] al vulgo.
Al labrador, que a la tierra
ha de hacer fértil a puro
afán (por culpa de un necio) [4],
le daré instrumentos rudos. 260

---

1. *Cuanto* : archaïsme pour *en cuanto*.
2. *Suyos*, c'est-à-dire, ici, *merecidos* : les applaudissements ne sont pas les leurs, mais ceux qu'ils mériteront de recevoir à l'issue de la représentation, en tant qu'acteurs.

en trois actes,
et aucun ne manquera à leur représentation
par ma faute.
Et puisque j'ai prévu
tout ce qui touche à la scène, je pense
que tout est prêt maintenant ; quant aux costumes,
je ne doute pas
qu'ils le sont dans ton esprit,
car c'est dans ton esprit que les hommes réunis,
avant même que de naître,
trouvent les applaudissements qu'ils mériteront.
Et pour que, venus de Toi,
ils entrent en scène pour représenter le monde
puis s'en retournent en coulisses,
j'ai prévu deux portes
dans mon ordonnancement : l'une est berceau,
l'autre tombeau.
Et pour qu'il ne leur manque point
ni costumes ni parures
pour endosser leurs rôles,
je tiendrai quand il faudra
tout prêts pour le rôle du Roi
la pourpre et le laurier auguste ;
pour le capitaine courageux,
des armes, des exploits et des triomphes ;
pour celui qui tiendra le rôle de ministre,
des livres, des écoles, des études.
Pour qui fera le religieux, des règles d'obéissance ;
pour le bandit, des méfaits ;
au noble je donnerai des honneurs,
et au vulgaire des excès.
Au laboureur, qui doit
rendre la terre fertile à force de
labeur (par la faute d'un sot),
je donnerai des outils grossiers.

3. *Libertades* : non pas les chartes ou les privilèges, mais les excès auxquels conduit un mauvais usage de la liberté.
4. Le sot est Adam, condamné par sa faute à gagner son pain à la sueur de son front (Gn 3, 17-19*).

A la que hubiere de hacer
la dama, le daré sumo
adorno en las perfecciones,
dulce veneno de muchos [1].
Sólo no vestiré al pobre,   265
porque es papel de desnudo,
porque ninguno después
se queje de que no tuvo
para hacer bien su papel
todo el adorno que pudo,   270
pues el que bien no le hiciere,
será por defecto suyo,
no mío. Y pues que ya tengo
todo el aparato junto,
¡venid, mortales, venid   275
y adornaros cada uno
para que representéis
en el teatro del mundo!

(Vase.)

AUTOR.   Mortales, que aún no vivís
y ya os llamo yo mortales,   280
pues en mi concepto iguales
antes de ser asistís [2]:
aunque mis voces no oís,
venid a aquestos vergeles,
que ceñido de laureles,   285
cedros y palma os espero,
porque yo entre todos quiero
repartir estos papeles.

*(Salen el Rico, el Rey, el Labrador, el Pobre,
la Hermosura, la Discreción y un Niño.)*

REY.   Ya estamos a tu obediencia,
Autor nuestro; que no ha sido   290
necesario haber nacido
para estar en tu presencia.
Alma, sentido, potencia,

---

1. Les perfections de la femme seront une occasion de péché pour bien des hommes.

> À celle qui tiendra
> le rôle de la dame, je donnerai
> les plus beaux atours dans les perfections,
> doux poison pour bien des hommes.
> Seul le pauvre ne recevra pas d'habit de moi,
> car son rôle est d'être nu.
> Ainsi nul ne pourra se plaindre
> par la suite de n'avoir pas eu,
> pour bien remplir son rôle,
> tous les atours qu'il pouvait espérer.
> Celui qui s'en acquittera mal
> le fera donc par sa faute,
> et non par la mienne.
> Et puisque j'ai préparé tout l'appareil,
> venez, mortels, venez
> et que chacun se pare
> afin de bien donner sa représentation
> sur le théâtre du monde !
>
> *(Il sort.)*

L'AUTEUR. Mortels, qui ne vivez pas encore,
> et que j'appelle déjà mortels,
> car en ma pensée vous êtes tous égaux
> avant même que d'être,
> bien que vous n'entendiez pas mes cris,
> venez dans ces vergers,
> où ceint de lauriers,
> de cèdres et de palme, je vous attends,
> car je veux entre vous tous
> répartir ces rôles.
>
> *(Entrent le Riche, le Roi, le Laboureur, le Pauvre, la Beauté, la Sagesse et un Enfant.)*

LE ROI. Nous voici à tes ordres,
> ô notre Auteur,
> car nous n'avons pas eu à naître
> pour être en ta présence.
> Nous n'avons ni âme, ni sentiment, ni faculté,

---

2. *Asistir*, c'est-à-dire, ici, *estar presente*. De toute éternité, les mortels sont présents dans la pensée de Dieu.

	vida ni razón tenemos,	
	todos informes nos vemos,	295
	polvo somos de tus pies;	
	sopla aqueste polvo[1], pues,	
	para que representemos.	
HERMOSURA.	Sólo en tu concepto[2] estamos:	
	ni animamos, ni vivimos,	300
	ni tocamos, ni sentimos,	
	ni del bien ni el mal gozamos;	
	pero si hacia el mundo vamos	
	todos a representar,	
	los papeles puedes dar,	305
	pues en aquesta ocasión	
	no tenemos elección	
	para haberlos de tomar[3].	
LABRADOR.	Autor mío soberano,	
	a quien conozco desde hoy,	310
	a tu mandamiento estoy,	
	como hechura de tu mano;	
	y pues tú sabes, y es llano	
	porque en Dios no hay ignorar,	
	qué papel me puedes dar,	315
	si yo errare ese papel	
	no me podré quejar de él,	
	de mí me podré quejar.	
AUTOR.	Ya sé que si para ser	
	el hombre elección tuviera,	320
	ninguno el papel quisiera	
	del sentir y padecer;	
	todos quisieran hacer	

---

1. Allusion à la création de l'homme à partir de la glaise ou de la poussière (Gn 2, 7*).
2. *Cf.* v. 37.
3. Les personnages n'ont pas le droit de choisir leur rôle parce que, n'existant pas encore, ils ne sont doués ni de volonté ni de libre arbitre. Dans la comédie de la vie, on ne choisit donc pas son rôle, mais seulement la façon de le représenter. Calderón reprend ici une idée stoïcienne, formulée au Ier siècle dans le *Manuel* d'Épictète : « Souviens-toi que tu es l'acteur d'une pièce de théâtre, d'un rôle

> ni vie, ni raison ;
> nous nous voyons tous sans forme,
> nous sommes la poussière de tes pieds.
> Souffle donc sur cette poussière
> pour que nous donnions la représentation.
>
> LA BEAUTÉ. Nous n'existons que dans ta pensée :
> nous n'avons ni âme, ni souffle de vie,
> ni toucher, ni sentiment,
> et nous ne jouissons ni du bien ni du mal ;
> mais si nous allons tous vers le monde
> pour faire notre représentation,
> tu peux nous distribuer nos rôles,
> car en l'occurrence
> nous ne disposons pas du choix
> de les endosser nous-mêmes.
>
> LE LABOUREUR. Ô mon auteur souverain,
> que je connais depuis ce jour,
> me voici prêt à t'obéir,
> en tant qu'œuvre de tes mains.
> Et puisque tu sais – évidemment,
> car en Dieu l'ignorance n'existe pas –
> quel rôle tu peux m'attribuer,
> s'il m'arrive à l'avenir de commettre des erreurs,
> je ne pourrai pas me plaindre du rôle,
> mais seulement de moi.
>
> L'AUTEUR. Je sais bien
> que si l'homme disposait du choix de son être,
> aucun ne voudrait le rôle
> de la souffrance et de la peine ;
> tous voudraient remplir

que l'auteur a voulu pour toi. Si la pièce est courte, ton rôle est court ; si la pièce est longue, ton rôle est long. S'il veut que tu joues un mendiant, même ce rôle, joue-le avec grâce ; de même si tu joues un boiteux, un magistrat, un simple particulier. En effet, il t'appartient de bien jouer le personnage qui t'est donné, mais le choisir, cela appartient à un autre » (nous traduisons d'après : Epictetus, *Discourses*, éd. W.A. Oldfather, Loeb Classical Library, Harvard University Press, 1928, t. II, § 17, p. 496).

	el de mandar y regir,	
	sin mirar, sin advertir,	325
	que en acto tan singular	
	aquello es representar,	
	aunque piense que es vivir.	
	Pero yo, Autor soberano,	
	sé bien qué papel hará	330
	mejor cada uno; así va	
	repartiéndolos mi mano:	
	haz tú el Rey.	

(Da su papel a cada uno.)

REY.   Honores gano.
AUTOR. La dama, que es la Hermosura
 humana, tú.   335
HERMOSURA.   ¡Qué ventura!
AUTOR. Haz tú al Rico, al poderoso.
RICO. En fin, nazco venturoso
 a ver del sol la luz pura.
AUTOR. Tú has de hacer al Labrador.
LABRADOR. ¿Es oficio o beneficio[1]?   340
AUTOR. Es un trabajoso oficio.
LABRADOR. Seré mal trabajador.
 Por vida vuestra, Señor,
 que aunque soy hijo de Adán,
 que no me deis este afán,   345
 aunque me deis posesiones,
 porque tengo presunciones
 que he de ser grande holgazán.
   De mi natural infiero,
 con ser tan nuevo, Señor,   350
 que seré mal cavador
 y seré peor quintero.
 Si aquí valiera un «no quiero»,
 dijérale; mas delante

---

1. Formulation issue du proverbe *Quien ha oficio ha beneficio* (Qui a un office a un bénéfice).

le rôle du commandement et du gouvernement,
sans voir ni prendre garde
que, dans une action si singulière,
tout cela n'est qu'un jeu de représentation,
et non la vie, comme ils le croient.
   Mais moi, Auteur souverain,
je sais bien quel rôle
chacun tiendra le mieux,
et ma main les distribue en connaissance de cause.
Toi, fais le Roi.

(Il donne à chacun le texte de son rôle.)

LE ROI.   C'est un honneur pour moi.

L'AUTEUR. La dame, qui est la Beauté
   humaine, ce sera toi.

LA BEAUTÉ.   Quel bonheur !

L'AUTEUR. Toi, fais le Riche, le puissant.

LE RICHE. Finalement, je nais chanceux
   pour contempler la lumière pure du soleil.

L'AUTEUR. Toi, tu feras le Laboureur.

LE LABOUREUR. Est-ce office ou bénéfice ?

L'AUTEUR. C'est un pénible office.

LE LABOUREUR. Je serai un piètre travailleur.
   Par votre vie, Seigneur,
quoique je sois un fils d'Adam,
je vous supplie de ne pas me donner cette peine,
même si vous me donnez des propriétés,
car j'ai le pressentiment
que je vais être un vrai fainéant.
   Je déduis de ma nature,
bien que je sois encore tout neuf, Seigneur,
que je serai un mauvais bêcheur
et un fermier bien pire encore.
Si, en l'occurrence, un refus pouvait servir,
je le formulerais, mais en présence

                    de un Autor tan elegante,   355
                    nada un «no quiero» remedia;
                    y así seré en la comedia
                    el peor representante.
                      Como sois cuerdo, me dais
                    como el talento el oficio;   360
                    y así, mi poco juicio
                    sufrís y disimuláis:
                    nieve como lana dais,
                    justo sois, no hay qué quejarme;
                    y pues que ya perdonarme   365
                    vuestro amor me muestra en él,
                    yo haré, Señor, mi papel
                    despacio por no cansarme.

AUTOR.   Tú la Discreción[1] harás.

DISCRECIÓN.   Venturoso estado sigo.   370

AUTOR.   Haz tú al mísero, al mendigo.

POBRE.   ¿Aqueste papel me das?

AUTOR.   Tú, sin nacer morirás.

NIÑO.   Poco estudio el papel tiene.

AUTOR.   Así mi ciencia previene   375
                que represente el que viva:
                justicia distributiva[2]
                soy; eso es lo que os conviene.

POBRE.   Si yo pudiera escusarme
                de este papel, me escusara,   380
                cuando mi vida repara
                en el que has querido darme;
                y ya que no declararme
                puedo, aunque atrevido quiera,
                le tomo, mas considera,   385
                ya que he de hacer el mendigo,
                no, Señor, lo que te digo,
                lo que decirte quisiera.

---

1. On apprendra progressivement, aux vers 683-686, 719-722 et surtout 1240-1242 et 1450, que la Sagesse est incarnée dans la pièce par une religieuse cloîtrée, figure du meilleur choix de vie possible ici-bas et allégorie de l'Église catholique.

d'un Auteur si raffiné,
un refus n'arrange rien.
Je serai donc dans la pièce
le pire des acteurs.
   Dans votre sagesse, vous m'accordez
un office à la mesure de mon talent,
supportant et cachant de la sorte
mon peu de jugement :
vous donnez la neige aussi bien que la laine ;
vous êtes juste, je n'ai pas à me plaindre.
Et puisque vous me montrez par ce rôle
que votre amour me pardonne déjà,
je m'en acquitterai, Seigneur,
mais lentement pour ne pas me fatiguer.

L'AUTEUR. Toi, tu feras la Sagesse.

LA SAGESSE. C'est un état bienheureux.

L'AUTEUR. Toi, fais le misérable, le mendiant.

LE PAUVRE. C'est ce rôle que tu me donnes ?

L'AUTEUR. Toi, tu mourras avant même de naître.

L'ENFANT. Ce rôle demande peu de travail.

L'AUTEUR. C'est ainsi que ma science prévoit
que tout vivant joue son rôle :
je suis justice distributive ;
voilà ce qui vous convient.

LE PAUVRE.   Si je pouvais refuser
ce rôle, je le refuserais,
quand bien même ma vie accepte de considérer
celui que tu as voulu me donner.
Et puisque que je n'ai pas le droit de
dire mon avis, même si je pourrais en avoir l'audace,
j'endosse ce rôle, mais considère, Seigneur,
puisque je suis obligé de jouer le rôle du mendiant,
non pas ce que je te dis,
mais ce que je voudrais te dire.

---

2. La justice distributive consiste à donner à chacun selon ses besoins et ses mérites (par opposition à la justice commutative, qui donne à chacun une part égale).

¿Por qué tengo de hacer yo
el pobre en esta comedia? 390
¿Para mí ha de ser tragedia
y para los otros no?
Cuando este papel me dio
tu mano, ¿no me dio en él
igual alma a la de aquel 395
que hace al Rey, igual sentido,
igual ser? Pues ¿por qué ha sido
tan desigual mi papel?
   Si de otro barro me hicieras,
si de otra alma me adornaras, 400
menos vida me fiaras,
menos sentidos me dieras;
ya parece que tuvieras
otro motivo, Señor,
pero parece rigor, 405
perdona decir cruel,
el ser mejor su papel,
no siendo su ser mejor.

AUTOR.   En la representación
igualmente satisface 410
el que bien al Pobre hace,
con afecto, alma y acción,
como el que hace al Rey, y son
iguales éste y aquél
en acabando el papel: 415
haz tú bien el tuyo, y piensa
que para la recompensa
yo te igualaré con él.
   No porque pena te sobre,
siendo Pobre, es en mi ley 420
mejor papel el del Rey,
si hace bien el suyo el Pobre:
uno y otro de mí cobre
todo el salario, después
que haya merecido, pues 425
con cualquier papel se gana,
que toda la vida humana
representaciones es.

Pourquoi m'incombe-t-il
de faire le pauvre en cette comédie?
Doit-elle être une tragédie pour moi,
et pour les autres pas ?
Lorsque ta main m'a assigné
ce rôle, ne m'a-t-elle pas donné avec lui
une âme pareille à celle de qui fait
le Roi, un même sens,
un même être ? Pourquoi donc mon rôle
a-t-il été si dissemblable ?

Si tu m'avais fait d'une autre argile,
si tu m'avais paré d'une autre âme,
tu aurais pu m'octroyer moins de vie,
me donner moins de facultés ;
tu avais bien, semble-t-il,
un autre motif, Seigneur,
mais il semble bien rigoureux,
permets-moi de dire « cruel »,
que son rôle soit meilleur
alors que son être ne l'est pas.

L'AUTEUR. Au cours de la représentation
l'acteur qui joue correctement le rôle du Pauvre,
avec passion, âme et vivacité,
donne autant de satisfaction
que celui qui joue le rôle du Roi,
et les deux acteurs
sont égaux quand leur rôle s'achève :
toi, joue correctement le tien, et songe
que pour la récompense,
je te ferai son égal.

Quoique tu aies un surcroît de peine
dans ton rôle de Pauvre, devant ma loi
le rôle du Roi n'est pas meilleur,
du moment que le Pauvre joue bien le sien :
que l'un et l'autre touchent de moi
tout leur salaire,
s'ils ont bien mérité, car
l'on peut gagner quel que soit le rôle,
puisque la vie humaine tout entière
n'est qu'une série de représentations.

                    Y la comedia acabada,
                    ha de cenar a mi lado 430
                    el que haya representado,
                    sin haber errado en nada,
                    su parte más acertada,
                    y allí igualaré a los dos.
HERMOSURA. Pues decidnos, Señor, vos, 435
                    ¿cómo en lenguas de la fama
                    esta comedia se llama?
AUTOR. *Obrar bien, que Dios es Dios*[1].
REY.   Mucho importa que no erremos
                    comedia tan misteriosa. 440
RICO. Para eso es acción forzosa
                    que primero la ensayemos.
DISCRECIÓN. ¿Cómo ensayarla podremos
                    si nos llegamos a ver
                    sin luz, sin alma y sin ser 445
                    antes de representar?
POBRE. ¿Pues cómo sin ensayar
                    la comedia se ha de hacer?
LABRADOR. Del Pobre apruebo la queja,
                    que lo siento así, Señor, 450
                    que son pobre y labrador
                    pata para la pareja[2]:
                    aun una comedia vieja,
                    harta de representar,
                    si no se vuelve a ensayar, 455
                    se yerra cuando se prueba;
                    si no se ensaya esta nueva,
                    ¿cómo se podrá acertar?
AUTOR.   Llegando ahora a advertir
                    que, siendo el cielo jüez, 460
                    se ha de acertar de una vez
                    cuanto es nacer y morir.

---

1. Sous la forme d'une injonction, le titre de la pièce intérieure que vont jouer les personnages reprend le nom de Dieu révélé à Moïse (Ex 3, 13-15*).

Et quand la comédie sera finie,
il festoiera à mes côtés,
celui qui, sans commettre de faute en rien,
aura joué
sa partie en l'accomplissant le mieux,
et là je vous rendrai égaux tous les deux.

LA BEAUTÉ. Dites-nous, donc, Seigneur :
quel est le titre de cette pièce
pour les langues de la renommée ?

L'AUTEUR. *Agir bien, car Dieu est Dieu.*

LE ROI. Il importe grandement que nous ne nous
[trompions pas
dans une pièce si mystérieuse.

LE RICHE. Pour ce faire, il faut nécessairement
que nous la répétions d'abord.

LA SAGESSE. Comment pourrons-nous la répéter
puisque, avant même de jouer,
nous nous trouvons
sans lumière, sans âme et sans être ?

LE PAUVRE. Mais comment sans répéter
la pièce pourra-t-elle être jouée ?

LE LABOUREUR. J'approuve la plainte du Pauvre,
car je pense de même, Seigneur ;
le pauvre et le laboureur
font assez bien la paire.
Même une pièce ancienne,
maintes fois représentée,
échoue quand on la reprend
sans en avoir fait de nouvelles répétitions.
Si on ne répète pas cette pièce qui est nouvelle,
comment pourra-t-on la réussir ?

L'AUTEUR. En tenant compte à présent
du fait que, le Ciel en étant juge,
il faut réussir du premier coup
tout ce qui concerne la naissance et la mort.

---

2. *Pata para la pareja* : expression propre aux jeux de cartes espagnols, signifiant *empatar, quedar empatados*, « être à égalité ». D'où le sens, ici, de « être équivalent », « être fait l'un pour l'autre ».

HERMOSURA.	Pues el entrar y salir,
	¿cómo lo hemos de saber,
	ni a qué tiempo haya de ser? 465
AUTOR.	Aun eso se ha de ignorar,
	y de una vez acertar
	cuanto es morir y nacer.
	Estad siempre prevenidos
	para acabar el papel, 470
	que yo os llamaré al fin de él[1].
POBRE.	¿Y si acaso los sentidos
	tal vez se miran perdidos?
AUTOR.	Para eso, común grey[2],
	tendré, desde el Pobre al Rey, 475
	para enmendar al que errare
	y enseñar al que ignorare,
	con el apunto a mi Ley[3];
	ella a todos os dirá
	lo que habéis de hacer; y así, 480
	nunca os quejaréis de mí.
	Albedrío[4] tenéis ya,
	y pues prevenido está
	el teatro, vos y vos
	medid las distancias dos 485
	de la vida[5].

(Vase.)

DISCRECIÓN.	¿Qué esperamos?
	¡Vamos al teatro!
TODOS.	¡Vamos
	a *obrar bien, que Dios es Dios*[6]!

---

1. Paraphrase en termes de théâtre de la parabole évangélique sur le retour du Maître et le serviteur vigilant (Mt 24, 42-51 ; Lc 12, 35-48★).
2. L'expression est évangélique (Lc 12, 32★).
3. S'exprimant à travers les jugements de la conscience pour indiquer aux hommes les actes qui conviennent, la Loi (de Grâce) agit comme un souffleur au théâtre : elle rappelle aux acteurs qui manquent de mémoire ce qu'ils doivent faire. On ne peut pas répéter

LA BEAUTÉ. Mais les entrées et les sorties,
　　comment les saurons-nous,
　　et à quel moment faudra-t-il les faire ?

L'AUTEUR. Même cela il faut l'ignorer,
　　et il faut réussir du premier coup
　　tout ce qui concerne la naissance et la mort.
　　　Tenez-vous toujours prêts
　　à terminer votre rôle,
　　car je vous appellerai au moment de sa fin.

LE PAUVRE. Et si d'aventure nos sens
　　se voient parfois complètement perdus ?

L'AUTEUR. Pour vous aider, vous tous mon troupeau,
　　du Pauvre jusqu'au Roi,
　　pour corriger l'égaré
　　et pour enseigner l'ignorant,
　　je disposerai d'un souffleur en ma Loi.
　　　C'est elle qui vous dira à tous
　　ce que vous devez faire ; ainsi
　　vous n'aurez jamais à vous plaindre de moi.
　　Vous avez désormais un libre arbitre,
　　et puisque le théâtre est préparé,
　　vous tous,
　　mesurez les deux extrémités
　　de la vie.

　　(Il sort.)

LA SAGESSE. 　Qu'attendons-nous ?
　　Allons au théâtre !

TOUS. 　　　　　　Allons
agir bien, car Dieu est Dieu !

---

la comédie de la vie, car on ne vit qu'une seule fois, mais la Loi est là
pour aider les hommes à se déterminer du premier coup.
　4. En théologie, le libre arbitre est la liberté absolue dont dispose
la volonté pour choisir entre le bien et le mal.
　5. Les deux extrémités de la vie désignent le berceau et le tombeau représentés plus tard sur la scène (*cf.* didascalie v. 627-628).
　6. *Cf.* v. 438.

(Al irse a entrar, sale el Mundo y detiénelos.)

MUNDO.
    Ya está todo prevenido
para que se represente
esta comedia aparente,
que hace el humano sentido.

REY. Púrpura y laurel te pido.

MUNDO. ¿Por qué púrpura y laurel?

REY. Porque hago este papel[1].

(Enséñale el papel, y toma la púrpura y corona, y vase.)

MUNDO. Ya aquí prevenido está.

HERMOSURA. A mí matices me da
de jazmín, rosa y clavel.
    Hoja a hoja y rayo a rayo
se desaten a porfía
todas las luces del día,
todas las flores de mayo;
padezca mortal desmayo
de envidia al mirarme el sol,
y como a tanto arrebol
el girasol ver desea,
la flor de mis luces sea,
siendo el sol mi girasol.

MUNDO.
    Pues, ¿cómo vienes tan vana
a representar al mundo?

HERMOSURA. *(Enséñale el papel.)*
En este papel me fundo.

MUNDO. ¿Quién es?

HERMOSURA.   La Hermosura humana.

MUNDO. Cristal, carmín, nieve y grana
pulan sombras y bosquejos
que te afeiten de reflejos[2].

---

1. La pourpre et le laurier sont les attributs traditionnels de la dignité royale.
2. Les fleurs du bouquet remis à la Beauté rehaussent les cou-

> *(Au moment où ils vont sortir de scène, le Monde entre et les retient.)*

LE MONDE. Tout est déjà prêt
pour la représentation
de cette pièce d'apparences,
jouée par le bon sens humain.

LE ROI. Je te demande la pourpre et le laurier.

LE MONDE. Pourquoi la pourpre et le laurier ?

LE ROI. Parce que je joue ce rôle.

> *(Il lui montre le texte de son rôle, et prend le manteau de pourpre et la couronne, et il sort.)*

LE MONDE. Le voilà prêt.

LA BEAUTÉ. À moi, donne-moi des nuances
de jasmin, de rose et d'œillet.
  Que feuille après feuille et rayon après rayon,
toutes les lumières du jour,
toutes les fleurs de mai
éclosent à l'envi.
Que le soleil, à ma vue,
défaille de mortelle jalousie,
et de même que le tournesol désire
voir l'éclat si grand de cet astre,
que la fleur de mes beautés soit cet éclat,
le soleil devenant mon tournesol.

LE MONDE. Mais comment, si vaniteuse,
peux-tu venir jouer dans le monde ?

LA BEAUTÉ. *(Elle lui montre son rôle.)*
Je m'appuie sur ce rôle.

LE MONDE. Quel est-il ?

LA BEAUTÉ. La Beauté humaine.

LE MONDE. Que le cristal, le carmin, la neige et l'écarlate
forment des ombres et des esquisses
qui te parent de leurs reflets.

---

leurs de celle-ci (car les fleurs semblent de pâles ombres en comparaison de son teint) et ses formes (car les fleurs semblent de simples esquisses à côté de ses traits).

(Dale un ramillete.)

HERMOSURA. Pródiga estoy de colores,
servidme de alfombra, flores,
sed, cristales, mis espejos.
(Vase.)

RICO. Dame riquezas a mí,
dichas y felicidades, 520
pues para prosperidades
hoy vengo a vivir aquí.

MUNDO. Mis entrañas para ti
a pedazos romperé;
de mis senos sacaré 525
toda la plata y el oro,
que en avariento tesoro
tanto encerrado oculté.
(Dale joyas.)

RICO. Soberbio y desvanecido
con tantas riquezas voy. 530
(Vase.)

DISCRECIÓN. Yo, para mi papel, hoy
tierra en que vivir te pido.

MUNDO. ¿Qué papel el tuyo ha sido?

DISCRECIÓN. La Discreción estudiosa.

MUNDO. Discreción tan religiosa 535
tome ayuno y oración.
(Dale cilicio y disciplina.)

DISCRECIÓN. No fuera yo Discreción
tomando de ti otra cosa.
(Vase.)

MUNDO. ¿Cómo tú entras sin pedir
para el papel que has de hacer? 540

NIÑO. Como no te he menester
para lo que he de vivir...
Sin nacer he de morir,
en ti no tengo de estar
más tiempo que el de pasar 545

(Il lui donne un bouquet.)

LA BEAUTÉ. Me voici comblée de couleurs.
  Fleurs, servez-moi de tapis ;
  soyez, cristaux, mes miroirs.
  (Elle sort.)

LE RICHE. À moi, donne-moi des richesses,
  des bonheurs et des félicités,
  car c'est pour être comblé de prospérités
  que je viens aujourd'hui vivre ici.

LE MONDE. Pour toi, je mettrai mes entrailles
  en pièces ;
  de mon sein je puiserai
  tout l'argent et l'or
  que j'ai gardé si longtemps enfermés
  dans un trésor avaricieux.
  (Il lui donne des bijoux.)

LE RICHE. Je m'en vais, fier et grisé
  par tant de richesses.
  (Il sort.)

LA SAGESSE. Moi, pour mon rôle, aujourd'hui,
  je te demande une terre où vivre.

LE MONDE. Quel rôle t'a été donné ?

LA SAGESSE. La Sagesse studieuse.

LE MONDE. Qu'une Sagesse si religieuse
  prenne le jeûne et l'oraison.
  (Il lui donne un cilice et une discipline.)

LA SAGESSE. Je ne serais pas Sagesse
  si je recevais autre chose de toi.
  (Elle sort.)

LE MONDE. Pourquoi pars-tu sans demander
  les attributs pour le rôle que tu as à jouer ?

L'ENFANT. Parce que je n'ai pas besoin de toi
  pour le temps que j'ai à vivre…
  Sans être né, il me faut mourir.
  Je ne resterai pas plus longtemps sur toi
  que le temps qu'il faut pour passer

	de una cárcel a otra oscura[1],	
	y para una sepultura	
	por fuerza me la has de dar.	
	(Vase.)	
MUNDO.	¿Qué pides tú? Di, grosero.	
LABRADOR.	Lo que le diera yo a él[2].	550
MUNDO.	Ea, muestra tu papel.	
LABRADOR.	Ea, digo que no quiero.	
MUNDO.	De tu proceder infiero	
	que como bruto gañán	
	habrás de ganar tu pan.	555
LABRADOR.	Esas mis desdichas son.	
MUNDO.	Pues toma aqueste azadón.	
	(Dale un azadón.)	
LABRADOR.	Esa es la herencia de Adán.	
	Señor Adán, bien pudiera,	
	pues tanto llegó a saber,	560
	conocer que su mujer	
	pecaba de bachillera[3];	
	dejárala que comiera	
	y no la ayudara él[4];	
	mas, como amante novel,	565
	dirá que se lo rogó;	
	y así, tan mal como yo	
	representó su papel.	
	(Vase.)	
POBRE.	Ya que a todos darles dichas,	
	gustos y contentos vi,	570
	dame pesares a mí,	
	dame penas y desdichas;	
	no de las venturas dichas	

---

1. Les deux prisons quasi simultanées de l'enfant sont le berceau et le tombeau.
2. C'est-à-dire : ce que je pourrais donner à cet enfant (de la terre pour sa sépulture).
3. Allusion comique au péché originel, péché d'orgueil, commis par Ève qui, par ses paroles, entraîna Adam pour assouvir un désir excessif de connaissance (une *bachillera* est une bavarde *et* une pédante) [Gn 3, 1-7★].

d'une prison à une autre prison plus sombre,
et pour ce qui est d'une sépulture,
tu me la donneras forcément.
  (Il sort.)

LE MONDE. Que demandes-tu, toi ? Dis-le, rustre.

LE LABOUREUR. Ce que je pourrais bien lui donner.

LE MONDE. Eh bien, montre ton rôle.

LE LABOUREUR. Eh bien, je dis que je refuse.

LE MONDE. De ton attitude je conclus
que tu auras à gagner ton pain
comme un grossier journalier.

LE LABOUREUR. Voilà tout mon malheur.

LE MONDE. Reçois donc cette houe.
  (Il lui donne une houe.)

LE LABOUREUR. Voilà le triste héritage d'Adam !
  Seigneur Adam, vous auriez pu,
vous qui fûtes si savant,
vous apercevoir que votre femme
péchait par bavardage ;
vous l'auriez laissée manger toute seule
et vous ne l'auriez pas aidée.
Mais, comme un amant débutant,
vous direz sans doute qu'elle vous l'a demandé ;
et ce faisant, vous avez joué votre rôle
aussi mal que moi.
  (Il sort.)

LE PAUVRE. Puisque j'ai vu donner à tous des bonheurs,
des plaisirs et des satisfactions,
donne-moi des chagrins,
donne-moi des peines et des malheurs.
De tous les bonheurs décrits,

---

4. Le Laboureur commet une forme d'incorrection linguistique, issue d'un archaïsme rural difficile à transposer en français, quand il emploie le pronom *él* pour s'adresser à Adam à la troisième personne, au lieu du *Usted* ou du *Vuestra Merced*, beaucoup plus corrects et respectueux à l'époque de Calderón (*cf.* le commentaire du Laboureur lui-même sur ce type d'interlocution, v. 1342).

	quiero púrpura y laurel,	
	de éste colores, de aquél	575
	plata ni oro no he querido,	
	sólo remiendos te pido.	
MUNDO.	¿Qué papel es tu papel?	
POBRE.	Es mi papel la aflicción,	
	es la angustia, es la miseria,	580
	............................[1]	
	la desdicha, la pasión,	
	el dolor, la compasión,	
	el suspirar, el gemir,	
	el padecer, el sentir,	
	importunar y rogar;	585
	el nunca tener qué dar,	
	el siempre haber de pedir.	
	El desprecio, la esquivez,	
	el baldón, el sentimiento,	
	la vergüenza, el sufrimiento,	590
	la hambre, la desnudez,	
	el llanto, la mendiguez,	
	la inmundicia, la bajeza,	
	el desconsuelo y pobreza,	
	la sed, la penalidad,	595
	y es la vil necesidad,	
	que todo esto es la pobreza.	
MUNDO.	A ti nada te he de dar,	
	que el que haciendo al Pobre vive	
	nada del mundo recibe;	600
	antes te pienso quitar	
	estas ropas, que has de andar	
	desnudo, para que acuda *(desnúdale)*	
	yo a mi cargo, no se duda.	
POBRE.	En fin, este Mundo triste	605
	al que está vestido viste,	
	y al desnudo le desnuda[2].	
	(Vase.)	

1. Il manque le troisième vers pour compléter la strophe suivant les règles habituelles de la versification de la *décima*.
2. Transposition sur le plan mondain de la parabole des talents

je ne veux ni la pourpre, ni le laurier ;
je ne demande ni les couleurs d'un tel,
ni l'argent, ni l'or d'un autre.
Je ne te demande que de quoi rapiécer mes habits.

LE MONDE. Quel rôle est le tien ?

LE PAUVRE. Mon rôle est l'affliction,
l'angoisse, la misère,
…………………...............
le malheur, la souffrance,
la douleur, la compassion,
les soupirs, et gémir,
endurer, regretter,
importuner et supplier,
n'avoir jamais rien à donner,
devoir toujours mendier.
  Le mépris, le dédain,
l'outrage, le regret,
la honte, la patience,
la faim, le dénuement,
les pleurs, la mendicité,
la crasse, la bassesse,
l'affliction et la pauvreté,
la soif, les épreuves,
la vile nécessité, enfin,
tout ce qui fait la pauvreté.

LE MONDE. Toi, je ne te donnerai rien,
car celui qui vit en faisant le Pauvre
ne reçoit rien du monde.
Au contraire, j'ai l'intention de t'enlever
ces habits, car tu dois aller tout nu,
pour que je m'acquitte de ma charge *(il le déshabille).*
Aucun doute là-dessus.

LE PAUVRE. Ce triste Monde, en fin de compte,
pourvoit le bien pourvu
et dénude qui est nu !
    (Il sort.)

(Mt 25, 14-30⋆) et de la parabole des mines (Lc 19, 11-27⋆), et de leur conclusion (Mt 25, 29⋆ ; Lc 19, 26⋆).

MUNDO.   Ya que de varios estados
está el teatro cubierto,
pues un Rey en él advierto, 610
con imperios dilatados;
beldad a cuyos cuidados
se adormecen los sentidos;
poderosos aplaudidos,
mendigos menesterosos, 615
labradores, religiosos,
que son los introducidos
  para hacer los personajes
de la comedia de hoy,
a quien yo el teatro doy, 620
las vestiduras y trajes
de limosnas y de ultrajes,
sal, divino Autor, a ver
las fiestas que te han de hacer
los hombres; ábrase el centro 625
de la tierra, pues que dentro
de ella la escena ha de ser.

(Con música se abren a un tiempo dos globos: en el uno estará un trono de gloria, y en él el Autor sentado; en el otro ha de haber representación con dos puertas, en la una pintada una cuna y en la otra un ataúd.)

AUTOR.   Pues para grandeza mía,
aquesta fiesta he trazado,
en este trono sentado, 630
a donde es eterno el día,
he de ver mi compañía [1].
Hombres que salís al suelo
por una cuna de yelo
y por un sepulcro entráis, 635
ved cómo representáis,
que os ve el Autor desde el cielo.

(Sale la Discreción con un instrumento, y canta.)

---

1. *Cf.* v. 50.

LE MONDE. Voici que la scène est couverte
   des plus divers états.
   J'y vois un Roi
   aux immenses empires ;
   une beauté dont les charmes
   engourdissent les sens ;
   des puissants acclamés,
   des mendiants nécessiteux,
   des laboureurs, des religieux.
   Tous ont été introduits
     pour jouer les personnages
   de la pièce d'aujourd'hui,
   auxquels je fournis le théâtre,
   les habits et des costumes
   faits d'aumônes et d'outrages.
   Viens donc, Auteur divin, contempler
   les manifestations de joie
   que les hommes vont faire pour toi. Que s'ouvre le centre
   de la terre, puisque c'est à l'intérieur
   que va se placer la scène.

   (Au son de la musique, deux globes s'ouvrent en même temps : dans l'un on aura mis un trône de gloire, où l'Auteur est assis ; dans l'autre, il doit y avoir un décor à deux portes. Sur l'un est peint un berceau, sur l'autre un cercueil.)

L'AUTEUR. Puisque c'est pour mon exaltation
   que j'ai dessiné cette fête,
   assis sur ce trône
   où le jour est éternel,
   je vais regarder jouer ma troupe.
   Hommes qui entrez sur terre
   par un berceau de glace
   et qui en sortez par un sépulcre,
   prenez garde à votre façon de jouer,
   car l'Auteur vous regarde du haut des cieux.

   (Entre la Sagesse avec un instrument ; elle chante.)

DISCRECIÓN.	Alaben al Señor de tierra y cielo,
	el sol, luna y estrellas;
	alábenle las bellas 640
	flores, que son carácteres¹ del suelo;
	alábenle la luz, el fuego, el yelo,
	la escarcha y el rocío,
	el invierno y estío
	y cuanto está debajo de ese velo, 645
	que en visos celestiales
	árbitro es de los bienes y los males².
	(Vase.)
AUTOR.	Nada me suena mejor
	que en voz del hombre este fiel
	himno que cantó Daniel, 650
	para templar el furor
	de Nabucodonosor³.
MUNDO.	¿Quién hoy la loa⁴ echará?
	Pero en la apariencia ya
	la Ley convida a su voz, 655
	que como corre veloz,
	en elevación está
	sobre la haz de la tierra.

(Aparece la Ley de Gracia con una elevación⁵, que estará sobre donde estuviere el Mundo, con un papel en la mano.)

1. L'accentuation irrégulière de *carácteres*, exceptionnellement proparoxyton (au lieu de l'habituel *caracteres*), s'explique par le rythme du vers. C'est aussi une des marques du cultisme de Calderón dans ce passage.

2. Une autre lecture du passage est possible, plus complexe, mais aussi tout aussi juste sur le plan grammatical (*lectio difficilior*) :

« Et [que le loue] tout ce qui se cache sous ce voile,
car, en des reflets célestes,
tel est l'arbitre du bien aussi bien que du mal. »

Ces vers renvoient alors aux astres, qui président à la destinée humaine (*cf.* note au v. 98).

3. Les paroles de l'Auteur associent deux épisodes distincts du livre de Daniel. Les vers qui précèdent (v. 638-647) sont une paraphrase de l'hymne chanté par les trois jeunes Hébreux envoyés dans la fournaise par le roi de Babylone, Nabuchodonosor (Dn 3, 52-90 ; Calderón reprend en particulier les versets 62-64★ et 66-72★). Il ne

LA SAGESSE. Qu'ils louent le Seigneur de la terre et du ciel,
le soleil, la lune et les étoiles.
Que le louent les fleurs
magnifiques, qui sont les caractères du sol.
Que le louent la lumière, le feu, la glace,
le givre et la rosée,
l'hiver et l'été,
et tout ce qui se trouve sous ce voile,
car, en des reflets célestes,
il est l'arbitre du bien autant que du mal.
   (Elle sort.)

L'AUTEUR. Rien ne charme davantage mes oreilles
que d'entendre de la voix humaine cet hymne
de fidélité que Daniel chanta
pour apaiser la fureur
de Nabuchodonosor.

LE MONDE. Qui va donner le prologue aujourd'hui ?
Mais au milieu du décor,
la Loi nous invite déjà à l'écouter,
car, grâce à sa vélocité,
elle s'est placée en hauteur
  sur la surface de la terre.

   (La Loi de Grâce paraît, surélevée par une machine, au-dessus du lieu où se trouve le Monde, un papier à la main.)

---

s'agit donc pas d'un hymne *chanté* par le prophète Daniel devant Nabuchodonosor, mais simplement d'un hymne rapporté par lui dans son livre. Dans la Bible, si Daniel intervient auprès de Nabuchodonosor pour calmer sa fureur, ce n'est pas pour réciter un hymne, mais pour interpréter un rêve qui tourmente le méchant roi (Dn 2, 24-45).

4. La *loa* est une sorte de prologue, traditionnel dans le théâtre espagnol du Siècle d'or, à l'occasion duquel, avant d'introduire au texte même de la pièce, on fait le plus souvent une louange (d'où le nom de *loa*) de la personnalité qui préside le spectacle ou de la ville qui en offre la représentation.

5. La *elevación* désigne ici une machine théâtrale ou un appareil du décor (évoqué par le terme *apariencia* au v. 654, *cf.* note au v. 63 pour le sens), destinés à faire monter et descendre un personnage dans les airs par un système de cordes et de poulies.

LEY.	Yo, que Ley de Gracia soy,	
	la fiesta introduzco hoy;	660
	para enmendar al que yerra	
	en este papel se encierra	
	la gran comedia que vos	
	compusisteis sólo en dos	
	versos, que dicen así:	665

(Canta.)

Ama al otro como a ti[1],
y obra bien, que Dios es Dios[2].

MUNDO.	La Ley, después de la loa,	
	con el apunto quedó.	
	Vitoriar quisiera aquí[3],	670
	pues me representa a mí[4]:	
	vulgo de esta fiesta soy,	
	mas callaré, porque empieza	
	ya la representación.	

(Salen la Hermosura y la Discreción por la puerta de la cuna.)

HERMOSURA.	Vente conmigo a espaciar	675
	por estos campos, que son	
	felice patria del mayo,	
	dulce lisonja del sol,	
	pues sólo a los dos conocen,	
	dando solos a los dos	680
	resplandores rayo a rayo,	
	y matices flor a flor.	
DISCRECIÓN.	Ya sabes que nunca gusto	
	de salir de casa yo,	
	quebrantando la clausura	685
	de mi apacible prisión[5].	

---

1. La Loi formule la deuxième partie du plus grand des commandements bibliques : « Tu aimeras ton prochain comme toi-même » (Mt 22, 34-40★ ; Mc 12, 28-34★ ; Lc 10, 25-28★).
2. *Cf.* v. 438.
3. Le Monde voudrait applaudir la Loi, qui a récité le prologue en son honneur. Il était d'usage, en effet, d'applaudir l'acteur qui avait bien récité la *loa*, avant même le début de la pièce proprement dite.

LA LOI. Moi, qui suis la Loi de Grâce,
j'introduis aujourd'hui le spectacle.
Pour corriger celui qui se trompe,
dans ce papier est contenue
la longue pièce que vous avez composée
en deux vers seulement,
lesquels sont les suivants :

   (Elle chante.)

Aime ton prochain comme toi-même,
et agis bien, car Dieu est Dieu.

LE MONDE.   La Loi, après le prologue,
a gardé le texte du souffleur.
Je voudrais bien à présent l'applaudir,
puisque c'est moi qu'elle représente :
je suis le public de ce spectacle,
mais je vais me taire, car voici que commence
la représentation.

   (La Beauté et la Sagesse entrent par la porte du berceau.)

LA BEAUTÉ. Viens avec moi flâner
dans ces campagnes, qui sont
l'heureuse patrie du mois de mai,
la douce caresse du soleil.
Elles ne connaissent qu'eux seuls,
offrant à l'un son éclat,
rayon après rayon,
à l'autre ses nuances, fleur après fleur.

LA SAGESSE. Tu sais bien que je n'aime jamais
sortir de chez moi,
ni briser la clôture
de ma paisible prison.

---

4. Entre les vers 670 et 671, si l'on s'en tient aux règles de la versification, il manque un vers pour faire l'assonance avec le vers 669 du *romance*.

5. La Sagesse, représentée par une religieuse contemplative, vit dans un couvent et tient à respecter la stricte clôture monastique (*cf.* note au v. 369).

HERMOSURA. ¿Todo ha de ser para ti
 austeridad y rigor?
 ¿No ha de haber placer un día?
 Dios, di ¿para qué crió   690
 flores, si no ha de gozar
 el olfato el blando olor
 de sus fragantes aromas?
 ¿Para qué aves engendró,
 que en cláusulas lisonjeras   695
 cítaras de pluma son,
 si el oído no ha de oírlas?
 ¿Para qué galas, si no
 las ha de romper el tacto
 con generosa ambición?   700
 ¿Para qué las dulces frutas,
 si no sirve su sazón
 de dar al gusto manjares
 de un sabor y otro sabor?
 ¿Para qué hizo Dios, en fin,   705
 montes, valles, cielos, sol,
 si no han de verlo los ojos?
 Ya parece, y con razón,
 ingratitud no gozar
 las maravillas de Dios.   710

DISCRECIÓN. Gozarlas para admirarlas
 es justa y lícita acción,
 y darle gracias por ellas;
 gozar las bellezas no
 para usar de ellas tan mal   715
 que te persuadas que son
 para verlas las criaturas,
 sin memoria del Creador.
 Yo no he de salir de casa;
 ya escogí esta religión   720
 para sepultar mi vida,
 por eso soy Discreción.

HERMOSURA. Yo, para esto Hermosura:
 a ver y a ser vista voy.

(Apártanse.)

LA BEAUTÉ. Tout doit donc être pour toi
austérité et rigueur ?
Tu n'auras pas de plaisir un seul jour ?
Dis-moi, pourquoi Dieu
a-t-il créé des fleurs, si notre odorat
ne doit point jouir du suave parfum
de leurs arômes fragrants ?
Pourquoi a-t-il engendré des oiseaux,
lesquels, dans leurs mélodieuses périodes,
sont des cithares de plume,
si notre ouïe ne doit point les entendre ?
Pourquoi les parures,
si notre toucher ne doit pas les déchirer
dans un geste de prodigue ambition ?
Pourquoi les fruits délicieux,
si une fois mûrs à point,
ils ne servent à donner à notre goût
des mets de diverses saveurs ?
Pourquoi, enfin, Dieu créa-t-il
montagnes, vallées, cieux, soleil,
si nos yeux ne doivent point les voir ?
Il semble bien, avec raison,
qu'il y a de l'ingratitude à ne pas jouir
des merveilles de Dieu.

LA SAGESSE. En jouir pour les admirer
est une action juste et licite,
de même que d'en rendre grâces à Dieu ;
mais il ne faut pas jouir de ces beautés
en les utilisant si mal
qu'on se persuaderait qu'elles n'existent
que pour être contemplées par les créatures,
dans l'oubli du Créateur.
Pour ma part, je ne sortirai pas de chez moi ;
j'ai choisi cette règle
pour ensevelir ma vie ;
c'est pourquoi je suis la Sagesse.

LA BEAUTÉ. Et moi, c'est pour cela que je suis la Beauté :
je m'en vais voir et être vue.

(Elles se séparent.)

MUNDO.	Poco tiempo se avinieron Hermosura y Discreción.	725
HERMOSURA.	Ponga redes mi cabello, y ponga lazos mi amor al más tibio afecto, al más retirado corazón.	730
MUNDO.	Una acierta y otra yerra su papel de aquestas dos.	
DISCRECIÓN.	¿Qué haré yo para emplear bien mi ingenio?	
HERMOSURA.	¿Qué haré yo para lograr mi hermosura?	735

(Canta Ley.)

LEY.   *Obrar bien, que Dios es Dios* [1].

MUNDO.   Con oírse aquí el apunto,
la Hermosura no le oyó.

(Sale el Rico.)

RICO.   Pues pródigamente el Cielo
hacienda y poder me dio,   740
pródigamente se gaste
en lo que delicias son.
Nada me parezca bien
que no le apetezca yo;
registre mi mesa cuanto   745
o corre o vuela veloz.
Sea mi lecho la esfera
de Venus [2], y en conclusión,
la pereza y las delicias,
gula, envidia y ambición   750
hoy mis sentidos posean.

(Sale el Labrador.)

LABRADOR.   ¿Quién vio trabajo mayor
que el mío? Yo rompo el pecho

---

1. *Cf.* v. 438.
2. La sphère renvoie ici à la cosmogonie poétique de l'époque

LE MONDE. La Beauté et la Sagesse
  ne se sont pas entendues bien longtemps.

LA BEAUTÉ. Que mes cheveux tendent des filets,
  et que l'amour que je suscite tisse des pièges
  au sentiment le plus tiède, au cœur
  le plus réservé.

LE MONDE. Entre ces deux-ci, l'une réussit
  et l'autre se trompe dans son rôle.

LA SAGESSE. Que ferai-je pour bien employer
  mon esprit ?

LA BEAUTÉ. Que ferai-je pour
  profiter de ma beauté ?

   (La Loi chante.)

LA LOI. *Agir bien, car Dieu est Dieu.*

LE MONDE. Le souffleur s'entend même d'ici,
  mais la Beauté ne l'a pas entendu.

   (Entre le Riche.)

LE RICHE. Puisque c'est avec prodigalité que le Ciel
  m'a donné les biens et le pouvoir,
  qu'on les dépense avec prodigalité
  en objets de plaisirs.
  Que rien de ce qui me semble bon
  ne soit exclu de mon désir.
  Que sur ma table paraisse tout
  ce qui court ou tout ce qui vole avec rapidité.
  Que ma couche soit la sphère
  de Vénus, et qu'en somme,
  la paresse et les plaisirs,
  la gourmandise, l'envie et l'ambition
  se fassent aujourd'hui possesseurs de tous mes sens.

   (Entre le Laboureur.)

LE LABOUREUR. Qui a jamais vu tourment plus grand
  que le mien ? Je brise le sein

(*cf.* note au v. 22), que le Riche évoque de façon plaisante pour indiquer qu'il va se consacrer aux plaisirs de la luxure.

a quien el suyo me dio[1],
porque el alimento mío
en esto se me libró.
Del arado que la cruza
la cara, ministro soy,
pagándola el beneficio
en aquestos que la doy.
Hoz y azada son mis armas,
con ellas riñendo estoy:
en las cepas con la azada,
en las mieses con la hoz.
En el mes de abril y mayo
tengo hidrópica pasión[2],
y si me quitan el agua,
entonces estoy peor.
En cargando algún tributo,
de aqueste siglo pensión,
encara la puntería
contra el triste Labrador.
Mas, pues trabajo y lo sudo,
los frutos de mi labor
me ha de pagar quien los compre
al precio que quiera yo.
No quiero guardar la tasa,
ni seguir más la opinión
de quien, porque ha de comprar,
culpa a quien no la guardó.
Y yo sé que si no llueve
este abril, que ruego a Dios
que no llueva, ha de valer
muchos ducados mi troj.
Con esto un Nabal-Carmelo[3]

755

760

765

770

775

780

785

---

1. Le Laboureur évoque la terre, qui nourrit de son sein le paysan qui la laboure.
2. *Hidrópica pasión* : métaphore fréquente à l'époque pour désigner une « soif insatiable ». À la saison où poussent les cultures, le paysan redoute des pluies insuffisantes, comme un malade souffrant d'hydropisie redoute de manquer d'eau alors qu'il a besoin de beaucoup boire.
3. Nabal est un fermier très riche (notamment en troupeaux) et

à qui me l'a donné,
car ma nourriture
m'a été donnée à ce prix.
Cette charrue qui déchire
la face de la terre, j'en suis le serviteur,
et je paye les bienfaits de la terre
par ceux que je lui procure ainsi.
La faucille et la houe sont mes armes,
avec elles je me bats :
dans les vignes avec ma houe,
dans les blés avec ma faucille.
Aux mois d'avril et de mai,
je souffre d'une soif insatiable,
et si on me prive d'eau,
je vais encore plus mal.
Dès qu'on lève un impôt nouveau
– cette rente de notre siècle –
il prend toujours pour cible
le malheureux Laboureur.
Mais, puisque je travaille et que je sue,
l'acheteur des fruits de mon labeur
me les paiera
au prix que je voudrai.
Je ne veux pas respecter le tarif légal,
ni me régler à l'avis
de celui qui, forcé d'acheter,
accuse le vendeur qui ne l'a pas respecté.
Et je sais que s'il ne pleut pas
au prochain mois d'avril – et plaise à Dieu
qu'il ne pleuve pas – mon grenier rapportera
un grand nombre de ducats.
Par là je deviendrai un Nabal-Carmel

avare, habitant de Karmel (hispanisé par Calderón en *Carmelo*), dont l'histoire est rapportée dans le premier livre de Samuel (1 S 25, 2-42*). Son nom signifie « l'Insensé » (1S 25, 25). La forme composée « Nabal-Carmelo », inventée par Calderón, forme un jeu de mots probable avec le toponyme « Navalcarnero », petite ville située à une trentaine de kilomètres au sud-ouest de Madrid, célèbre pour ses richesses agricoles, et en particulier pour ses troupeaux de moutons dont elle tire une partie de son nom (*carnero*).

                    seré de aquesta región,
                    y me habrán menester todos,
                    pero muy hinchado yo,
                    entonces, ¿qué podré hacer?

     (Canta Ley.)

LEY.   *Obrar bien, que Dios es Dios*[1].   790

DISCRECIÓN. ¿Cómo el apunto no oíste?

LABRADOR. Como sordo a tiempos soy…

MUNDO.   Él, al fin, se está en sus trece.

LABRADOR. Y aun en mis catorce estoy[2].

     (Sale el Pobre.)

POBRE.   De cuantos el mundo viven,   795
                    ¿quién mayor miseria vio
                    que la mía? Aqueste suelo
                    es el más dulce y mejor
                    lecho mío; que, aunque es
                    todo el cielo pabellón   800
                    suyo, descubierto está
                    a la escarcha y al calor;
                    la hambre y la sed me afligen,
                    dadme paciencia, mi Dios.

RICO.   ¿Qué haré yo para ostentar   805
                    mi riqueza?

POBRE.   ¿Que haré yo
                    para sufrir mis desdichas?

     (Canta Ley.)

LEY.   *Obrar bien, que Dios es Dios*[3].

POBRE.   ¡Oh, cómo esta voz consuela!

RICO.   ¡Oh, cómo cansa esta voz!   810

DISCRECIÓN. El Rey sale a estos jardines.

---

1. *Cf.* v. 438.
2. Jeu de mots : si l'expression consacrée *estarse en sus trece* (s'en tenir à ses treize) signifie « être ferme », « ne pas vouloir en

de ce pays,
et tous auront besoin de moi,
mais moi, tout gonflé de mon importance,
que pourrai-je faire alors ?

(La Loi chante.)

LA LOI. *Agir bien, car Dieu est Dieu.*

LA SAGESSE. Tu n'as donc pas entendu le souffleur ?

LE LABOUREUR. C'est que je suis sourd à mes heures…

LE MONDE. Lui, c'est vraiment un obstiné.

LE LABOUREUR. Et je suis même un très grand obstiné.

(Entre le Pauvre.)

LE PAUVRE. Parmi tous ceux qui sont au monde,
qui a vu misère plus grande
que la mienne ? Cette terre
est ma couche
la plus douce et la plus confortable,
et bien que le ciel tout entier
lui serve de pavillon,
elle est tout exposée au givre et à la chaleur.
La faim et la soif m'affligent.
Donnez-moi la patience, mon Dieu.

LE RICHE. Que ferai-je pour étaler
ma richesse ?

LE PAUVRE.   Que ferai-je
pour supporter mes malheurs ?

(La Loi chante.)

LA LOI. *Agir bien, car Dieu est Dieu.*

LE PAUVRE. Oh ! que cette voix console !

LE RICHE. Oh, que cette voix importune !

LA SAGESSE. Le Roi vient dans ces jardins.

---

démordre », le Laboureur renchérit par une expression inventée,
estarse en sus catorce (s'en tenir à ses quatorze).

3. *Cf.* v. 438.

RICO. ¡Cuánto siente mi ambición
 postrarse a nadie!

HERMOSURA.   Delante
 de él he de ponerme yo,
 para ver si mi hermosura 815
 pudo rendirle a mi amor.

LABRADOR. Yo detrás; no se le antoje,
 viendo que soy Labrador,
 darme con un nuevo arbitrio,
 pues no espero otro favor. 820

(Sale el Rey.)

REY. A mi dilatado imperio
 estrechos límites son
 cuantas contiene provincias
 esta máquina inferior.
 De cuanto circunda el mar 825
 y de cuanto alumbra el sol
 soy el absoluto dueño[1],
 soy el supremo señor.
 Los vasallos de mi imperio
 se postran por donde voy, 830
 ¿qué he menester yo en el mundo?

(Canta Ley.)

LEY. *Obrar bien, que Dios es Dios*[2].

MUNDO. A cada uno va diciendo
 el apunto lo mejor.

POBRE. Desde la miseria mía 835
 mirando infelice estoy
 ajenas felicidades:
 el Rey, supremo señor,
 goza de la majestad,
 sin acordarse que yo 840
 necesito de él; la dama,
 atenta a su presunción,

---

1. Au XVIIᵉ siècle, le roi d'Espagne est, en théorie du moins, un monarque absolu.

LE RICHE. Qu'il en coûte à mon orgueil
de se prosterner devant quiconque !

LA BEAUTÉ. Je vais
me placer devant lui,
afin de voir si ma beauté
pourrait le soumettre à m'aimer.

LE LABOUREUR. Et moi je vais me placer derrière ; qu'il
[n'ait pas l'idée,
voyant que je suis un laboureur,
de m'assener un nouveau tribut,
car je n'attends pas d'autre faveur.

(Entre le Roi.)

LE ROI. Pour mon vaste empire,
toutes les provinces que contient
cet édifice d'ici-bas
sont autant d'étroites limites.
De tout ce que la mer embrasse,
de tout ce que le soleil éclaire,
je suis le maître absolu,
je suis le seigneur suprême.
Les sujets de mon empire
se prosternent sur mon passage.
De quoi ai-je besoin dans le monde ?

(La Loi chante.)

LA LOI. *Agir bien, car Dieu est Dieu.*

LE MONDE. Le souffleur dit toujours à chacun
ce qui lui convient le mieux.

LE PAUVRE. Du fond de ma misère,
je contemple, malheureux,
le bonheur d'autrui :
le Roi, seigneur suprême,
jouit de la majesté,
en oubliant que, moi,
j'ai besoin de lui ; la dame,
toute attentive à sa vanité,

---

2. *Cf.* v. 438.

                    no sabe si hay en el mundo
                    necesidad y dolor;
                    la religiosa, que siempre 845
                    se ha ocupado en oración,
                    si bien a Dios sirve, sirve
                    con comodidad a Dios.
                    El Labrador, si cansado
                    viene del campo, halló 850
                    honesta mesa su hambre,
                    si opulenta mesa no.
                    Al Rico le sobra todo,
                    y sólo en el mundo yo
                    hoy de todos necesito; 855
                    y así llego a todos hoy,
                    porque ellos viven sin mí,
                    pero yo sin ellos no.
                    A la Hermosura me atrevo
                    a pedir: dadme por Dios 860
                    limosna.

HERMOSURA.   Decidme, fuentes,
                    pues que mis espejos sois,
                    ¿qué galas me están más bien?,
                    ¿qué rizos me están mejor?

POBRE.   ¿No me veis? 865

MUNDO.   Necio, ¿no miras
                    que es vana tu pretensión?
                    ¿Por qué ha de cuidar de ti
                    quien de sí se descuidó?

POBRE.   Pues que tanta hacienda os sobra,
                    dadme una limosna vos. 870

RICO.   ¿No hay puertas donde llamar?
                    ¿Así os entráis donde estoy?
                    En el umbral del zaguán
                    pudierais llamar, y no
                    haber llegado hasta aquí. 875

POBRE.   No me tratéis con rigor.

RICO.   Pobre importuno, idos luego.

ignore s'il existe en ce monde
douleur et nécessité ;
la religieuse, qui s'est toujours
plongée dans la prière,
est certes au service de Dieu,
mais c'est un service toujours dans l'aisance.
S'il rentre fatigué
de son champ, le Laboureur a trouvé
une table convenable pour sa faim,
même si ce n'est pas une table opulente.
Le Riche a tout en abondance,
et je suis le seul, en ce monde,
qui ait besoin de tous aujourd'hui.
C'est pourquoi aujourd'hui je m'approche de tous,
car s'ils vivent, eux, sans moi,
je ne puis, moi, vivre sans eux.
Je me risque à mendier
auprès de la Beauté : donnez-moi, au nom de Dieu,
une aumône.

LA BEAUTÉ.   Dites-moi, sources,
vous qui me servez de miroirs,
quelles parures me vont le mieux ?
Quelles boucles m'avantagent ?

LE PAUVRE. Vous ne me voyez pas ?

LE MONDE.   Pauvre sot, ne te rends-tu pas compte
que ta requête est vaine ?
Pourquoi se soucierait-elle de toi,
elle qui s'est si peu souciée d'elle-même ?

LE PAUVRE. Puisque vous avez tant de richesses en excès,
faites-moi, vous, une aumône.

LE RICHE. N'y a-t-il pas de porte où frapper ?
Vous osez entrer de cette façon à l'endroit où je me
[trouve ?
Vous auriez pu frapper
au seuil du vestibule,
sans vous approcher jusqu'ici.

LE PAUVRE. Ne me traitez pas cruellement !

LE RICHE. Pauvre importun, retirez-vous sur-le-champ.

POBRE.	Quien tanto desperdició por su gusto, ¿no daría alguna limosna?	880
RICO.	No.	
MUNDO.	El avariento y el pobre de la parábola son[1].	
POBRE.	Pues a mi necesidad le falta ley y razón, atreveréme al Rey mismo: dadme limosna, señor.	885
REY.	Para eso tengo ya mi limosnero mayor.	
MUNDO.	Con sus ministros el Rey su conciencia aseguró.	890
POBRE.	Labrador, pues recibís de la bendición de Dios por un grano que sembráis tanta multiplicación, mi necesidad os pide limosna.	895
LABRADOR.	Si me lo dio Dios, buen arar y sembrar, y buen sudar me costó. Decid: ¿no tenéis vergüenza que un hombrazo como vos pida? ¡Servid, noramala! No os andéis hecho bribón. Y si os falta qué comer, tomad aqueste azadón con que lo podéis ganar.	900 905
POBRE.	En la comedia de hoy, yo el papel del Pobre hago, no hago el del Labrador.	

---

1. Le Riche et le Pauvre de la pièce intérieure transposent au théâtre la parabole évangélique de Lazare et du mauvais riche (Lc 16, 19-31*).

LE PAUVRE. Un homme qui a tant gaspillé
   pour son plaisir, ne pourrait-il pas donner
   quelque petite aumône ?
LE RICHE. Non.
LE MONDE. Ils sont l'avare et le pauvre
   de la parabole.
LE PAUVRE. Puisque la nécessité où je me trouve
   ne connaît ni loi ni raison,
   je vais oser m'adresser au Roi lui-même.
   Sire, donnez-moi une aumône !
LE ROI. Pour cela, j'ai déjà
   mon grand aumônier.
LE MONDE. C'est sur ses ministres que le Roi
   a déchargé sa conscience.
LE PAUVRE. Laboureur, vous qui recevez
   de la bénédiction de Dieu
   l'abondante multiplication
   d'un seul grain que vous semez,
   la nécessité où je me trouve
   vous demande l'aumône.
LE LABOUREUR. Si Dieu m'a donné une telle multiplication,
   elle m'a coûté bien des labours,
   bien des semailles et bien des sueurs.
   Dites, n'avez-vous pas honte
   qu'un homme fort comme vous
   soit réduit à la mendicité ? Faites-vous serviteur, bon
                                                   [sang !
   Ne traînez pas comme un vaurien.
   Et s'il vous manque de quoi manger,
   prenez cette houe
   pour pouvoir le gagner.
LE PAUVRE. Dans la pièce d'aujourd'hui,
   je joue le rôle du Pauvre,
   je ne joue pas celui du Laboureur.

LABRADOR.	Pues, amigo, en su papel
	no le ha mandado el Autor 910
	pedir no más, y holgar siempre;
	que el trabajo y el sudor
	es propio papel del Pobre.
POBRE.	Sea por amor de Dios.
	Riguroso, hermano, estáis. 915
LABRADOR.	Y muy pedigüeño vos.
POBRE.	Dadme vos algún consuelo.
DISCRECIÓN.	Tomad y dadme perdón[1].

(Dale un pan.)

POBRE.	Limosna de pan, señora,
	era fuerza hallarla en vos, 920
	porque el pan que nos sustenta
	ha de dar la Religión[2].
DISCRECIÓN.	¡Ay de mí!
REY.	¿Qué es esto?
POBRE.	Es
	alguna tribulación
	que la Religión padece. 925

(Va a caer la Religión, y dala el Rey la mano.)[3]

REY.	Llegaré a tenerla yo.
DISCRECIÓN.	Es fuerza, que nadie puede
	sustentarla como vos.
AUTOR.	Yo bien pudiera enmendar
	los yerros que viendo estoy, 930
	pero por eso les di
	albedrío superior

---

1. Formule traditionnelle dans la vie religieuse, par laquelle un frère qui fait la charité demande pardon au pauvre – symbole du Christ – de l'avoir humilié en lui faisant l'aumône.
2. Ce pain ne désigne pas seulement le pain matériel que tout chrétien demande à Dieu en récitant le *Notre-Père* et que le Pauvre peut obtenir grâce aux institutions charitables de l'Église (représentée par la Sagesse-Religion). Il renvoie aussi au pain spirituel de la Parole de Dieu et, surtout, dans le cadre de l'*auto sacramental*, au

LE LABOUREUR. Eh bien, l'ami, dans votre rôle,
   l'Auteur ne vous a pas donné l'ordre
   de vous contenter de mendier, et de toujours fainéanter,
   car les tourments et la sueur
   sont un rôle spécifique du Pauvre.

LE PAUVRE. Faites-le pour l'amour de Dieu.
   Vous êtes dur, mon frère.

LE LABOUREUR. Et vous, vous êtes un dur quémandeur !

LE PAUVRE. Donnez-moi, vous, quelque réconfort.

LA SAGESSE. Prenez, et pardonnez-moi.
   (Elle lui donne un pain.)

LE PAUVRE. Une aumône de pain, Madame,
   j'étais sûr de la trouver en vous,
   car le pain qui nous nourrit,
   c'est forcément la Religion qui le donne.

LA SAGESSE. Malheur à moi !

LE ROI.   Qu'y a-t-il ?

LE PAUVRE.   C'est
   une tribulation
   dont souffre la Religion.

   (La Religion manque de tomber, mais le Roi lui tend la main.)

LE ROI. C'est moi qui vais la soutenir.

LA SAGESSE. Il le faut bien, car personne ne peut
   la soutenir comme vous.

L'AUTEUR. Je pourrais bien corriger
   les erreurs que je constate,
   mais je leur ai donné pour ce faire
   un libre arbitre qui l'emporte

---

pain du sacrement de l'eucharistie, l'hostie, qui est le corps du Christ, seule véritable nourriture du croyant, dispensée par l'Église catholique à l'occasion de la messe (*cf.* notamment Jn 6, 32-35* ; 49-51* ; 53-58*).

3. Calderón transpose en un geste théâtral l'idée selon laquelle, dans une monarchie catholique comme l'Espagne, le roi doit être le soutien de la religion.

	a las pasiones humanas,	
	por no quitarles la acción	
	de merecer con sus obras;	935
	y así, dejo a todos hoy	
	hacer libres sus papeles;	
	y en aquella confusión	
	donde obran todos juntos,	
	miro en cada uno yo,	940
	diciéndoles por mi Ley:	

(Canta Ley.)

LEY. *Obrar bien, que Dios es Dios*[1].

    (Recita.)

    A cada uno de por sí,
    y a todos juntos, mi voz
    ha advertido; ya con esto   945
    su culpa será su error.

    (Canta.)

    Ama al otro como a ti,
    y *obrar bien, que Dios es Dios*[2].

REY. Supuesto que es esta vida
    una representación   950
    y que vamos un camino
    todos juntos, haga hoy
    del camino la llaneza
    común la conversación[3].

HERMOSURA. No hubiera mundo a no haber   955
    esa comunicación.

RICO. Diga un cuento cada uno.

DISCRECIÓN. Será prolijo; mejor
    será que cada uno diga
    qué está en su imaginación.   960

REY.   Viendo estoy mis imperios dilatados,
    mi majestad, mi gloria, mi grandeza,

---

1. *Cf.* v. 438.
2. *Cf.* v. 438.
3. L'idée que la vie est un pèlerinage sur la terre et que l'homme

sur les passions humaines,
afin de ne pas leur retirer le pouvoir
de mériter par leurs œuvres.
Ainsi je les laisse tous aujourd'hui
jouer librement leur rôle,
et dans cette confusion
où ils œuvrent tous ensemble,
je regarde pour ma part en chacun d'eux,
en leur disant par l'intermédiaire de ma Loi :

   (La Loi chante.)

LA LOI. *Agir bien, car Dieu est Dieu.*

   (Elle déclame.)

Chacun en particulier
et tous ensemble, ils ont été avertis
par ma voix. Désormais, de ce fait,
leurs erreurs seront aussi leurs fautes.

   (La Loi chante.)

LA LOI. Aime ton prochain comme toi-même,
et *agir bien, car Dieu est Dieu.*

LE ROI. Puisque cette vie
est une représentation
et que nous suivons tous ensemble
un même chemin,
que notre conversation commune
rende ce chemin plus facile.

LA BEAUTÉ. Le monde n'existerait pas
s'il n'existait un tel échange.

LE RICHE. Que chacun raconte une histoire.

LA SAGESSE. Ce sera trop long ; il vaudra mieux
que chacun dise
ce qui lui passe par la tête.

LE ROI. Je contemple à loisir mes immenses empires,
ma majesté, ma gloire, ma grandeur,

---

est un simple voyageur ici-bas (*homo viator*) est un lieu commun du discours chrétien.

en cuya variedad naturaleza
perfeccionó de espacio sus cuidados.
    Alcázares poseo levantados,
mi vasalla ha nacido la belleza;
la humildad de unos, de otros la riqueza,
triunfo son al arbitrio de los hados.
    Para regir tan desigual, tan fuerte
monstruo de muchos cuellos, me concedan
los cielos atenciones más felices,
    ciencia me den con que a regir acierte,
que es imposible que domarse puedan
con un yugo no más tantas cervices.

MUNDO.   Ciencia para gobernar
pide como Salomón[1].

(Canta una Voz triste dentro, a la parte que está la puerta del ataúd.)

VOZ.   Rey de ese caduco imperio,
cese, cese tu ambición,
que en el teatro del mundo
ya tu papel se acabó.

REY.   Que ya acabó mi papel
me dice una triste voz,
que me ha dejado al oírla
sin discurso ni razón.
Pues se acabó el papel, quiero
entrarme; mas ¿dónde voy?
Porque a la primera puerta,
donde mi cuna se vio,
no puedo, ¡ay de mí!, no puedo
retroceder. ¡Qué rigor!
No poder hacia la cuna
dar un paso, todos son
hacia el sepulcro; que el río,
que brazo de mar huyó,
vuelva a ser mar; que la fuente,
que salió del río (¡qué horror!),

---

1. Le roi Salomon demanda une seule chose à Dieu : la sagesse pour bien gouverner (1 R 3, 5-14*).

dans la diversité desquels la nature
a conduit lentement tous ses soins jusqu'à leur perfection.
  De palais altiers je suis le possesseur ;
la beauté fut de naissance ma vassale.
L'humble condition des uns, la richesse des autres
sont un triomphe à la merci du destin.
  Pour gouverner d'un monstre si disparate et si puissant
les nuques nombreuses, puissent les cieux
m'accorder leurs plus heureuses faveurs.
  Qu'ils me donnent la science pour régner sagement,
car il est impossible que l'on puisse soumettre
sous un unique joug de si nombreuses nuques.

LE PAUVRE. Il demande, comme Salomon,
  la science du gouvernement.

> *(Une Voix chante tristement dans les coulisses, du côté de la porte au cercueil.)*

LA VOIX. Roi de cet empire caduc,
  trêve, oui, trêve à ton ambition,
  car sur le théâtre du monde,
  voici ton rôle achevé.

LE ROI. Mon rôle est achevé,
  m'annonce une triste voix.
  Rien que de s'être fait entendre, elle m'a dépouillé
  de tout mon entendement et de toute ma raison.
  Puisque mon rôle est achevé, je veux
  bien me retirer, mais, où vais-je donc ?
  Car, hélas,
  à la porte où se trouvait mon berceau,
  je ne puis, c'est certain, revenir.
  Sort cruel !
  Ne pouvoir faire un seul pas
  vers le berceau… Tous mènent
  au tombeau ! Le fleuve
  qui a fui tel un bras de mer
  peut bien redevenir mer ; la source,
  qui est sortie du fleuve – quelle horreur ! –

vuelva a ser río; el arroyo,
que de la fuente corrió,
vuelva a ser fuente[1]; y el hombre,
que de su centro salió,
vuelva a su centro, ¿a no ser
lo que fue? (¡Qué confusión!)
Si ya acabó mi papel,
supremo y divino Autor,
dad a mis yerros disculpa,
pues arrepentido estoy.

(Vase por la puerta del ataúd, y todos se han de ir por ella.)

MUNDO. Pidiendo perdón el Rey,
bien su papel acabó.

HERMOSURA. De en medio de sus vasallos,
de su pompa y de su honor
faltó el Rey.

LABRADOR. No falte en mayo
el agua al campo en sazón,
que con buen año y sin Rey
lo pasaremos mejor.

DISCRECIÓN. Con todo, es gran sentimiento.

HERMOSURA. Y notable confusión;
¿qué haremos sin él?

RICO. Volver
a nuestra conversación.
Dinos tú lo que imaginas.

HERMOSURA. Aquesto imagino yo.

MUNDO. ¡Qué presto se consolaron
los vivos de quien murió!

LABRADOR. Y más cuando el tal difunto
mucha hacienda les déjó.

---

1. Pour illustrer l'idée que les éléments du monde finissent toujours par revenir à leur origine, métaphore de l'éternel recommen-

peut bien redevenir fleuve ; le ruisseau,
qui a coulé de la source,
peut bien redevenir source ; et l'homme,
qui est sorti de la profondeur de la terre,
peut bien retourner à cette profondeur,
mais pour n'être plus ce qu'il fut ? – Quelle confusion ! –
Si mon rôle est achevé,
Auteur suprême et divin,
pardonnez mes erreurs,
car j'en suis repenti.

> *(Il sort par la porte du cercueil, par où tous les personnages sortiront désormais.)*

LE MONDE. En demandant pardon,
   le Roi a bien terminé son rôle.

LA BEAUTÉ. Au milieu de ses sujets,
   le Roi fut privé
   de sa pompe et de ses honneurs.

LE LABOUREUR.   Pourvu que les champs,
         [eux, ne soient pas privés
d'eau au mois de mai, quand ils en ont besoin !
Avec une bonne récolte et sans Roi,
nous nous porterons mieux.

LA SAGESSE. Notre peine est grande, pourtant.

LA BEAUTÉ. Et notre trouble profond.
   que ferons-nous sans lui ?

LE RICHE.   Reprendre
notre conversation.
Dis-nous, toi, ce que tu imagines.

LA BEAUTÉ. Voici ce que j'imagine…

LE MONDE. Les vivants ont vite fait
   de se consoler du sort d'un mort !

LE LABOUREUR. D'autant plus vite que ce défunt
   leur a laissé un riche héritage.

---

cement dans la nature, le Roi reprend une formulation tirée du livre de l'Ecclésiaste (Eccl 1, 4-11*, et en particulier 1, 7*).

HERMOSURA.   Viendo estoy mi beldad hermosa y pura, 1025
ni al Rey envidio ni sus triunfos quiero,
pues más ilustre imperio considero,
que es el que mi belleza me asegura:
   porque si el Rey avasallar procura
las vidas, yo las almas; luego infiero 1030
con causa, que mi imperio es el primero,
pues que reina en las almas la hermosura.
   Pequeño mundo la filosofía
llamó al hombre; si en él mi imperio fundo,
como el cielo lo tiene, como el suelo, 1035
   bien puede presumir la deidad mía
que el que al hombre llamó pequeño
                                           [mundo [1],
llamará a la mujer pequeño cielo.

MUNDO.   No se acuerda de Ezequiel,
cuando dijo que trocó 1040
la soberbia a la hermosura
en fealdad la perfección [2].

(Canta Voz.)

VOZ.   Toda la hermosura humana
es una temprana flor;
marchítese, pues la noche 1045
ya de su aurora llegó.

HERMOSURA.   Que fallezca la hermosura
dice una triste canción;
no fallezca, no fallezca,
vuelva a su primer albor. 1050
Mas ¡ay de mí!, que no hay rosa
de blanco o rojo color
que a las lisonjas del día,
que a los halagos del sol
saque a deshojar sus hojas 1055
que no caduque, pues no
vuelve ninguna a cubrirse

---

1. Idée grecque, abondamment reprise au Siècle d'or et à plusieurs reprises par Calderón dans ses œuvres, selon laquelle l'homme est un « abrégé du monde », « monde en abrégé » ou « microcosme ».

LA BEAUTÉ.   Je contemple à loisir ma beauté noble et pure,
et n'envie point le roi, ni ses triomphes ne désire,
car je tiens pour plus illustre empire
celui que ma beauté à ma personne assure.
 Car si le Roi tente d'assujettir
les vies, moi les âmes j'asservis. Je déduis donc,
avec raison, que mon empire est le premier,
puisque la beauté règne sur les âmes.
 « Un petit monde » : tel est le nom donné à l'homme
par la philosophie ; si sur lui mon empire je fonde,
comme le ciel établit le sien, comme la terre aussi,
 ma divine nature peut à bon droit se flatter
que celui qui nomma l'homme « un petit monde »
dira de la femme qu'elle est « un petit ciel ».

LE MONDE.   Elle oublie Ézéchiel
qui disait que l'orgueil
a transformé la perfection de la beauté
en laideur.

   (La Voix, chantant.)

LA VOIX. Toute la beauté humaine
est une fleur précoce ;
qu'elle se fane donc, car voici déjà
venue la nuit de son aurore.

LA BEAUTÉ. Une triste chanson demande
que la beauté périsse.
Non, non, qu'elle ne périsse pas,
mais qu'elle revienne à son premier éclat.
Mais, hélas ! il n'est point de rose,
qu'elle soit blanche ou pourprée,
qui, à l'éclat du jour,
qui, aux caresses du soleil,
ne donne ses pétales à déployer
sans s'étioler. Aucune fleur, en effet,
ne peut retourner se draper

---

 2. L'idée que l'orgueil enlaidit la beauté fait l'objet de plusieurs avertissements du prophète Ézéchiel (Éz 7, 20* ; 28, 11-19*).

                    dentro del verde botón.
                    Mas ¿qué importa que las flores,
                    del alba breve candor,   1060
                    marchiten del sol dorado
                    halagos de su arrebol[1]?
                    ¿Acaso tiene conmigo
                    alguna comparación
                    flor, en que ser y no ser   1065
                    términos continuos son?
                    No, que yo soy flor hermosa
                    de tan grande duración,
                    que si vio el sol mi principio,
                    no verá mi fin el sol: 1070
                    si eterna soy, ¿cómo puedo
                    fallecer? ¿Qué dices, Voz?
                            (Canta Voz.)
VOZ.   Que en el alma eres eterna,
                    y en el cuerpo mortal flor.
HERMOSURA. Ya no hay réplica que hacer   1075
                    contra aquesta distinción:
                    de aquella cuna salí
                    y hacia este sepulcro voy;
                    mucho me pesa no haber
                    hecho mi papel mejor.   1080
                            (Vase.)
MUNDO.   Bien acabó el papel, pues
                    arrepentida acabó.
RICO.   De entre las galas y adornos
                    y lozanías faltó
                    la Hermosura.   1085
LABRADOR.   No nos falte
                    pan, vino, carne y lechón
                    por Pascua, que a la Hermosura
                    no la echaré menos yo.

---

1. Une autre lecture du passage est possible sur le plan grammatical (*lectio difficilior*) :
  « Mais qu'importe que les fleurs,

à l'intérieur de son vert bouton.
Mais qu'importe que les fleurs,
brève candeur de l'aube,
perdent sous l'or du soleil
tous les éclats de leurs couleurs ?
Car peut-elle se comparer à moi,
une fleur dont l'être et le néant
se touchent continûment ?
Certes non, car je suis une fleur de beauté
destinée à durer si longtemps,
que le soleil qui me vit commencer
ne me verra jamais terminer.
Si je suis éternelle, comment puis-je
mourir ? Qu'en dis-tu, ô Voix ?

(La Voix, chantant.)

LA VOIX. Que tu es une fleur éternelle dans l'âme,
mais mortelle dans le corps.

LA BEAUTÉ. Il n'y a pas de réplique possible
à une telle distinction :
je suis entrée par ce berceau qui est là,
et je m'en vais vers ce sépulcre-ci.
Je regrette beaucoup
de ne pas avoir mieux joué mon rôle.

(Elle sort.)

LE MONDE. Elle a bien terminé son rôle, car
elle a finit dans l'état du repentir.

LE RICHE. Au milieu de ses parures, de ses atours
et de ses éclats,
la Beauté nous a privés d'elle-même.

LE LABOUREUR.   Pourvu que nous ne soyons pas privés
ni du pain, ni du vin, ni du porcelet à Pâques,
je ne regretterai pas
la Beauté.

---

brève candeur de l'aube,
laissent faner sous l'effet du soleil doré
l'image flatteuse [qu'elles sont] de l'éclat de ce dernier ? »

DISCRECIÓN.	Con todo, es tristeza grande.
POBRE.	Y aun notable compasión. ¿Qué habemos de hacer?
RICO.	Volver a nuestra conversación.
LABRADOR.	Cuando el ansioso cuidado con que acudo a mi labor miro, sin miedo al calor y al frío desazonado, y advierto lo descuidado del alma, tan tibia ya, la culpo, pues dando está gracias de cosecha nueva al campo porque la lleva, y no a Dios que se la da.
MUNDO.	Cerca está de agradecido quien se conoce deudor.
POBRE.	A este Labrador me inclino, aunque antes me reprehendió.

(Canta Voz.)

VOZ.	Labrador, a tu trabajo término fatal llegó: ya lo serás de otra tierra; dónde será, sabe Dios.
LABRADOR.	Voz, si de la tal sentencia admites apelación, admíteme, que yo apelo a tribunal superior. No muera yo en este tiempo, aguarda sazón mejor, siquiera porque mi hacienda[1] la deje puesta en sazón. Y porque, como ya dije, soy maldito Labrador, como lo dicen mis viñas

---

1. L'attachement du Laboureur à ses terres, désignées par le terme *hacienda* (propriétés), n'est pas un trait comique : dans le théâtre

LA SAGESSE. Pourtant, notre tristesse est grande.

LE PAUVRE. Et notre compassion même, remarquable.
Qu'allons nous-faire ?

LE RICHE.   Reprendre
notre conversation.

LE LABOUREUR. Quand je vois avec quel souci anxieux
j'accours à mon labeur,
sans peur de la chaleur
ni du froid extrême,
et quand je considère l'état de négligence
de mon âme, déjà si tiède,
je l'accuse, car elle rend grâces
pour la nouvelle récolte
au champ qui la porte,
et non à Dieu qui la lui donne.

LE MONDE. Reconnaître sa dette,
c'est être proche de la gratitude.

LE PAUVRE. Je m'incline devant ce Laboureur,
bien qu'il m'ait fait des reproches tout à l'heure.

(La Voix, chantant.)

LA VOIX. Laboureur, de ton épreuve
le terme fatal est arrivé.
Tu seras laboureur d'une autre terre.
Où sera-ce ? Dieu seul le sait.

LE LABOUREUR. Ô Voix, si tu admets
qu'on fasse appel d'une telle sentence,
accepte le mien, car j'en appelle
à un tribunal supérieur.
Fais que je ne meure pas maintenant,
attends une saison plus propice,
ne serait-ce que pour me permettre de laisser
mes propriétés en bon état pour la récolte.
Je suis en effet, comme je l'ai déjà dit,
un pauvre Laboureur,
comme en attestent mes vignes,

---

espagnol, la *hacienda* est le pendant roturier, favorablement perçu, de l'*honor* propre à la sphère aristocratique.

>   cardo a cardo y flor a flor,
>   pues tan alta está la yerba
>   que duda el que la miró,
>   un poco apartado de ellas, 1125
>   si mieses o viñas son.
>   Cuando panes del lindero
>   son gigante admiración,
>   casi enanos son los míos,
>   pues no salen del terrón. 1130
>   Dirá quien aquesto oyere
>   que antes es buena ocasión,
>   estando el campo sin fruto,
>   morirme, y respondo yo:
>   si dejando muchos frutos 1135
>   al que hereda, no cumplió
>   testamento de sus padres,
>   ¿qué hará sin frutos, Señor[1]?
>   Mas, pues no es tiempo de gracias,
>   pues allí dijo una Voz 1140
>   que me muero, y el sepulcro
>   la boca a tragarme abrió,
>   si mi papel no he cumplido
>   conforme a mi obligación,
>   pésame que no me pese 1145
>   de no tener gran dolor.
>   *(Vase.)*

MUNDO.   Al principio le juzgué
            grosero, y él me advirtió
            con su fin de mi ignorancia.
            ¡Bien acabó el Labrador! 1150

RICO.   De azadones y de arados,
            polvo, cansancio y sudor
            ya el Labrador ha faltado.

POBRE.   Y afligidos nos dejó.

---

1. Les paroles du Laboureur qui expriment le principe populaire suivant lequel il faut transmettre un héritage à ses descendants font écho à la parabole des mines ou des talents (*cf.* v. 607).

chardon après chardon et fleur après fleur.
L'herbe y a tellement poussé
que quiconque la regarde d'un peu loin
se demande
s'il s'agit d'un champ de blé ou de vignes.
Alors que les blés du voisin
sont admirés pour leur taille gigantesque,
les miens sont presque des nains,
car ils sont à ras de terre.
Qui entendra ces paroles dira sans doute,
que c'est, au contraire, puisque mon champ ne porte
[pas de fruit,
un bon moment pour mourir.
À quoi je réponds :
si en laissant beaucoup de fruits
à son héritier, quelqu'un n'a pas respecté
le testament de ses pères,
que sera-ce, Seigneur, par un champ sans fruits ?
Mais, puisque nous ne sommes pas en temps de grâces,
puisqu'une Voix vient d'annoncer
que je meurs, et que le sépulcre
a ouvert sa gueule pour m'engloutir,
si je n'ai pas rempli mon rôle
conformément à mon devoir,
je regrette de ne pas regretter davantage
de ne pas en ressentir une grande douleur.

(Il sort.)

LE MONDE. Je l'ai d'abord tenu
pour un rustre, mais lui, par sa fin,
m'a fait voir mon ignorance.
Le Laboureur a fini honorablement.

LE RICHE. De ses houes et de ses charrues,
de sa poussière, de sa fatigue et de sa sueur,
le Laboureur est désormais privé.

LE PAUVRE. Et il nous a laissés dans la tristesse.

DISCRECIÓN. ¡Qué pena! 1155
POBRE. ¡Qué desconsuelo!
DISCRECIÓN. ¡Qué llanto!
POBRE. ¡Qué confusión!
DISCRECIÓN. ¿Qué habemos de hacer?
RICO. Volver
a nuestra conversación,
y, por hacer lo que todos,
digo lo que siento yo. 1160
 ¿A quién mirar no le asombra
ser esta vida una flor
que nazca con el albor
y fallezca con la sombra?
Pues si tan breve se nombra, 1165
de nuestra vida gocemos
el rato que la tenemos,
dios a nuestro vientre hagamos;
comamos hoy, y bebamos,
que mañana moriremos. 1170
MUNDO. De la gentilidad es
aquella proposición,
así lo dijo Isaías[1].
DISCRECIÓN. ¿Quién se sigue ahora?
POBRE. Yo.
 Perezca, Señor, el día 1175
en que a este mundo nací;
perezca la noche fría
en que concebido fui
para tanta pena mía;
 no la alumbre la luz pura 1180
del sol entre oscuras nieblas;
todo sea sombra oscura,
nunca venciendo la dura
opresión de las tinieblas.
 Eterna la noche sea, 1185

---

1. Les vers 1169-1170 sont une paraphrase des paroles que prononcent habituellement les pécheurs suivant le livre d'Isaïe (Is 22, 13★).

LA SAGESSE. Quelle peine !

LE PAUVRE. Que d'affliction !

LA SAGESSE. Que de pleurs !

LE PAUVRE. Quelle confusion !

LA SAGESSE. Qu'allons-nous faire ?

LE RICHE. Reprendre
notre conversation,
et pour faire comme tout le monde,
je vais dire mon sentiment.
   Qui ne s'effraye pas
de voir que la vie est une fleur
qui doit naître avec l'aube
et périr avec l'ombre ?
Si donc on la dit si brève,
jouissons de notre vie
tant que nous la tenons,
faisons un dieu de notre ventre.
Mangeons aujourd'hui, et buvons,
car demain il nous faudra mourir.

LE MONDE. Ces paroles sont le propre
des Gentils,
comme l'a dit Isaïe.

LA SAGESSE. À qui le tour maintenant ?

LE PAUVRE. À moi.
   Que périsse, Seigneur, le jour
où je naquis à ce monde.
Que périsse la nuit froide
où je fus conçu
pour mon plus grand tourment.
   Qu'elle ne soit pas éclairée par la lumière pure
du soleil surgissant des brumes sombres.
Que tout ne soit qu'ombre profonde ;
que jamais ne soit vaincue
l'oppression des ténèbres.
   Que la nuit soit éternelle ;

             ocupando pavorosa
             su estancia, y porque no vea
             el cielo, caliginosa
             oscuridad la posea;
               de tantas vivas centellas,   1190
             luces sea su arrebol
             .... ¹

             día sin aurora y sol,
             noche sin luna ni estrellas ².
               No porque así me he quejado
             es, Señor, que desespero   1195
             por mirarme en tal estado,
             sino porque considero
             que fui nacido en pecado.

MUNDO.   Bien ha engañado las señas
             de la desesperación;   1200
             que así, maldiciendo el día,
             maldijo el pecado Job ³.

                 (Canta Voz.)

VOZ.   Número tiene la dicha
             número tiene el dolor,
             de ese dolor y esa dicha   1205
             venid a dar cuenta los dos ⁴.

RICO.   ¡Ay de mí!
POBRE.   ¡Qué alegre nueva!
RICO.   ¿De esta voz que nos llamó
             tú no te estremeces?
POBRE.   Sí.
RICO.   ¿No procuras huir?   1210

---

1. Il manque le troisième vers de la strophe, à moins que, le sens du passage n'étant pas du tout altéré par cette omission, il s'agisse d'un cas d'insertion de *redondilla* dans une série de *quintillas* (*cf.* annexe, p. 176-177).
2. Paraphrase du livre de Job (Jb 3, 4-9*).
3. Allusion aux plaintes de Job (Jb 3, 1-10*).
4. Deux idées se combinent dans ce passage, l'une d'origine grecque, l'autre d'origine biblique. D'abord, suivant la cosmogonie

qu'elle occupe, redoutable,
tout son espace, et pour qu'elle ne voie pas
le ciel, qu'elle soit possédée
par une épaisse obscurité.
  Que son éclat ne soit
qu'une multitude d'étincelles vivantes.
....
Qu'elle soit un jour sans aurore ni soleil,
qu'elle soit une nuit sans lune ni étoiles.
  Si je me lamente ainsi,
ce n'est pas, Seigneur, par désespoir
de me voir en un tel état,
mais parce que je considère
que je suis né dans le péché.

LE MONDE.   Il a bien détourné
  les marques de son désespoir,
  comme Job qui, maudissant le jour,
  a maudit le péché.

  (La Voix, chantant.)

LA VOIX. Le bonheur a son nombre ;
  la douleur a son nombre.
  De vos douleurs, de vos bonheurs,
  venez tous deux rendre le compte.

LE RICHE. Malheur à moi !

LE PAUVRE.   Quelle bonne nouvelle !

LE RICHE. Cette Voix qui vient de nous appeler
  ne te fait donc pas frémir ?

LE PAUVRE.   Si.

LE RICHE. Tu ne cherches donc pas à fuir ?

---

pythagoricienne (reprise, entre autres, par Platon dans le *Timée*), la Voix explique que chaque concept reçoit un nombre pour l'expression de son essence (« Le bonheur a son nombre / la douleur a son nombre »). Ensuite, la Voix exprime l'idée que les jours de bonheur et de malheur de chaque homme sont « comptés » (« De vos douleurs, de vos bonheurs / venez tous deux rendre le compte ») et que le nombre de chacun est connu de Dieu (Jb 13, 28* ; 14, 1-5*).

POBRE. No.
Que el estremecerse es
una natural pasión
del ánimo, a quien como hombre
temiera Dios, con ser Dios.
Más si el huir será en vano,
porque si de ella no huyó
a su sagrado el Poder,
la Hermosura a su blasón,
¿dónde podrá la pobreza?
Antes mil gracias le doy,
pues con esto acabará
con mi vida mi dolor.

RICO. ¿Cómo no sientes dejar
el teatro?

POBRE. Como no
dejo en él ninguna dicha,
voluntariamente voy.

RICO. Yo ahorcado, porque dejo
en la hacienda el corazón[1].

POBRE. ¡Qué alegría!

RICO. ¡Qué tristeza!

POBRE. ¡Qué consuelo!

RICO. ¡Qué aflicción!

POBRE. ¡Qué dicha!

RICO. ¡Qué sentimiento!

POBRE. ¡Qué ventura!

RICO. ¡Qué rigor!

(Vanse los dos.)

MUNDO. ¡Qué encontrados al morir
el Rico y el Pobre son!

DISCRECIÓN. En efecto, en el teatro
sola me he quedado yo.

---

1. Le Riche confirme à ses dépens l'idée évangélique qu'il faut se faire un trésor au ciel et non sur la terre, car « où est ton trésor, là sera aussi ton cœur » (Mt 6, 19-21* ; Lc 12, 33-34*).

LE PAUVRE.   Non,
   car frémir est
   un mouvement naturel
   de l'âme, pour qui, en tant qu'homme,
   craint Dieu parce qu'il est Dieu.
   Je fuirai d'autant moins que ma fuite serait vaine,
   car si le Pouvoir n'a pas fui cette Voix
   pour gagner un asile inviolable,
   si la Beauté ne l'a pas fuie pour retourner à sa vanité,
   où pourra fuir la pauvreté ?
   Au contraire, je rends mille grâces à cette Voix,
   car par ces mots,
   elle mettra fin à ma douleur en même temps qu'à ma vie.

LE RICHE. Comment peux-tu quitter sans regret
   le théâtre ?

LE PAUVRE.   N'y laissant aucun bonheur,
   je le quitte de bon gré.

LE RICHE. Moi, c'est comme si on me pendait,
   car c'est mon cœur que je laisse dans mes biens.

LE PAUVRE. Quelle joie !

LE RICHE.   Quelle tristesse !

LE PAUVRE. Quelle consolation !

LE RICHE.   Quelle affliction !

LE PAUVRE. Quel bonheur !

LE RICHE.   Quel regret !

LE PAUVRE. Quelle chance !

LE RICHE.   Quelle cruauté !

   (Ils sortent tous deux.)

LE MONDE. Que le Riche et le Pauvre sont opposés
   au moment de mourir !

LA SAGESSE. De fait, me voici restée seule
   sur le théâtre.

MUNDO. Siempre lo que permanece
 más en mí es la religión.

DISCRECIÓN. Aunque ella acabar no puede,
 yo sí, porque yo no soy
 la Religión, sino un miembro
 que aqueste estado eligió.
 Y antes que la Voz me llame,
 yo me anticipo a la voz
 del sepulcro, pues ya en vida
 me sepulté, con que doy
 por hoy fin a la comedia,
 que mañana hará el Autor[1];
 enmendaos para mañana
 los que veis los yerros de hoy[2].

(Ciérrase el globo de la tierra.)

AUTOR. Castigo y premio ofrecí
 a quien mejor o peor
 representase: hoy verán
 qué castigo y premio doy.

(Ciérrase el globo celeste, y en él el Autor.)

MUNDO. Corta fue la comedia; pero, ¿cuándo
 no lo fue la comedia de esta vida,
 y más para el que está considerando
 que toda es una entrada, una salida?
 Ya todos el teatro van dejando,
 a su primer materia reducida
 la forma que tuvieron y gozaron[3]:
 polvo salgan de mí, pues polvo entraron[4].
  Cobrar quiero de todos con cuidado
 las joyas que les di con que adornasen

---

1. Allusion à une suite ou à une seconde partie de la pièce intérieure qui est en train de s'achever ; ce sera le Jugement dernier, dont Dieu, l'Auteur, sera cette fois le principal acteur.
2. La Sagesse inverse la conclusion traditionnelle des pièces de théâtre au Siècle d'or : s'il est habituel qu'un acteur demande pardon au public pour les erreurs commises par la troupe au cours de

LE MONDE. C'est toujours la religion
 qui survit le plus en moi.

LA SAGESSE. Si la religion ne peut avoir de fin,
 moi j'ai bien la mienne, car je ne suis pas
 la Religion, mais un de ses membres
 qui a choisi cet état qui est le mien.
 Mais avant d'être appelée par la Voix,
 je devance l'appel
 du sépulcre, car je me suis enterrée
 toute vivante ; par où je mets
 fin pour aujourd'hui à la pièce
 qui sera jouée demain par l'Auteur.
 Amendez-vous pour demain,
 vous qui voyez les erreurs d'aujourd'hui.

(Le globe de la terre se referme.)

L'AUTEUR. J'ai promis châtiment et récompense
 à qui aurait fait la meilleure représentation ou la pire :
 on saura aujourd'hui
 quel châtiment et quelle récompense je donne.

(Le globe terrestre se referme sur l'Auteur.)

LE MONDE. La pièce a été brève, mais quand donc la
 [comédie de cette vie
 ne l'a-t-elle pas été,
 et plus encore pour l'homme qui considère
 que la vie n'est qu'une entrée, qu'une sortie ?
 Voici que tous quittent progressivement la scène,
 et la forme qu'ils ont reçue et possédée
 est réduite à sa première matière :
 qu'ils me quittent poussière, puisque poussière ils sont
 [entrés.
  Je veux à tous reprendre avec soin
 les bijoux que je leur ai donnés pour embellir

---

la représentation (Calderón reprend cette tradition de l'*excusatio* à la fin de son *auto sacramental*, v. 1569-1572), la Sagesse, ici, invite les spectateurs à ne pas commettre d'erreur dans la comédie de la vie qu'ils ont à jouer au cours de leur propre existence.
 3. *Cf.* v. 34.
 4. Paraphrase du livre de la Genèse (Gn 3, 19*).

la representación en el tablado,
pues sólo fue mientras representasen.
Pondréme en esta puerta y, avisado,
haré que mis umbrales no traspasen
sin que dejen las galas que tomaron:
polvo salgan de mí, pues polvo entraron.

(Sale el Rey.)

Di, ¿qué papel hiciste tú, que ahora
el primero a mis manos has venido?

REY. Pues, ¿el Mundo quién fui tan presto
[ignora?

MUNDO. El Mundo lo que fue pone en olvido.

REY. Aquél fui que mandaba cuanto dora
el sol, de luz y resplandor vestido,
desde que en brazos del aurora nace,
hasta que en brazos de la sombra yace.
Mandé, juzgué, regí muchos estados;
hallé, heredé, adquirí grandes memorias;
vi, tuve, concebí cuerdos cuidados;
poseí, gocé, alcancé varias vitorias.
Formé, aumenté, valí varios privados;
hice, escribí, dejé raras historias;
vestí, imprimí, ceñí en ricos doseles
las púrpuras, los cetros y laureles.

MUNDO. Pues deja, suelta, quita la corona;
la majestad desnuda, pierde, olvida.
(Quítaselo.)
Vuélvase, torne, salga tu persona
desnuda de la farsa de la vida.
La púrpura, de quien tu voz blasona,
presto de otro se verá vestida,
porque no has de sacar de mis crueles
manos púrpuras, cetros ni laureles.

la représentation sur les planches,
car ils ne les ont reçus que pour le temps de la
                              [représentation.
Je vais me placer devant cette porte et, bien attentif,
je ferai en sorte qu'ils ne passent pas mon seuil
sans avoir laissé les costumes qu'ils ont pris :
qu'ils me quittent poussière, puisque poussière ils sont
                              [entrés.

(Entre le Roi.)

Dis-moi, quel rôle as-tu joué, toi qui es à présent
le premier à venir te remettre entre mes mains ?

LE ROI. Le Monde ignore donc si vite celui que je fus ?

LE MONDE. Le Monde place très vite dans l'oubli tout ce
                              [qui fut.

LE ROI. Je fus celui qui commandait à tout ce que dore
le soleil, vêtu de lumière et de splendeur,
depuis sa naissance dans les bras de l'aurore,
jusqu'à ce qu'il repose dans ceux de l'ombre.
  J'ai gouverné, jugé, régi bien des États ;
j'ai trouvé, reçu, acquis une grande renommée ;
j'ai vu, obtenu, conçu de sages desseins ;
j'ai possédé, gagné, remporté plusieurs victoires.
J'ai formé, promu, soutenu plusieurs favoris ;
j'ai accompli, écrit, laissé des histoires extraordinaires ;
sous des dais somptueux, j'ai revêtu la pourpre,
empoigné le sceptre, ceint le laurier.

LE MONDE. Eh bien, laisse, lâche, retire ta couronne ;
ta majesté, dépouille-la, perds-la, oublie-la.

(Il lui retire ses attributs.)

Que ta personne s'en revienne, s'en retourne et s'en aille
toute nue de la farce de cette vie.
Cette pourpre, dont tes propos ne cessent de
                              [s'enorgueillir,
se verra bientôt revêtue par un autre,
car tu ne garderas de mes mains cruelles
ni pourpres, ni sceptres, ni lauriers.

REY.	¿Tú no me diste adornos tan amados?	1295
	¿Cómo me quitas lo que ya me diste?	
MUNDO.	Porque dados no fueron, no: prestados	
	sí, para el tiempo que el papel hiciste;	
	déjame para otro los estados,	
	la majestad y pompa que tuviste.	1300
REY.	¿Cómo de rico fama solicitas,	
	si no tienes qué dar si no lo quitas?	
	¿Qué tengo de sacar en mi provecho	
	de haber, al mundo, al Rey representado?	
MUNDO.	Esto, el Autor, si bien o mal lo has hecho,	1305
	premio o castigo te tendrá guardado;	
	que no me toca a mí, según sospecho,	
	conocer tu descuido o tu cuidado,	
	cobrar me toca el traje que sacaste,	
	porque me has de dejar como me hallaste.	1310

(Sale la Hermosura.)

	¿Qué has hecho tú?	
HERMOSURA.	La gala y la hermosura.	
MUNDO.	¿Qué te entregué?	
HERMOSURA.	Perfecta una belleza.	
MUNDO.	Pues, ¿dónde está?	
HERMOSURA.	Quedó en la sepultura.	
MUNDO.	Pasmóse aquí la gran naturaleza,	
	viendo cuán poco la hermosura dura,	1315
	que aun no viene a parar adonde empieza,	
	pues al querer cobrarla yo, no puedo;	
	ni la llevas ni yo con ella quedo.	
	El Rey la majestad en mí ha dejado,	
	en mí ha dejado el lustre y la grandeza;	1320
	la belleza no puedo haber cobrado,	
	que expira con el dueño la belleza:	
	mírate a este cristal.	

LE ROI. N'es-tu pas celui qui me donna ces parures que
                              [j'ai tellement aimées ?
  Pourquoi m'enlèves-tu ce que tu m'as donné un jour ?
LE MONDE. Parce qu'elles ne furent pas données, non, mais
                              [bien prêtées,
  pour le seul temps où tu jouerais ton rôle.
  Rends-moi pour un autre les États,
  la majesté et le faste qui furent les tiens.
LE ROI. Pourquoi cherches-tu à passer pour riche,
  si tu n'as rien d'autre à donner que ce que tu reprends ?
  Et quel profit vais-je tirer
  d'avoir, pour le monde, joué le rôle du Roi ?
LE MONDE. Ce rôle, si tu l'as bien ou mal joué, l'Auteur
  t'en réserve sans doute une récompense ou un
                              [châtiment.
  Mais il ne m'appartient pas, à ce que je crois,
  de connaître ta négligence ou ton zèle :
  il m'appartient simplement de reprendre le costume
                              [que tu as reçu,
  car tu dois me quitter tel que tu m'as trouvé.
  (Entre la Beauté.)
  Toi, quel rôle as-tu joué ?
LA BEAUTÉ.   L'ornement et la beauté.
LE MONDE. Que t'avais-je remis ?
LA BEAUTÉ.   Une beauté parfaite.
LE MONDE. Eh bien, où est-elle ?
LA BEAUTÉ.   Elle est restée dans mon tombeau.
LE MONDE. La grande nature a dû se pâmer d'effroi,
  en voyant la beauté durer si peu longtemps :
  elle n'aboutit même pas au point où elle comence,
  puisqu'au moment de vouloir la reprendre, je n'y
                              [parviens pas.
  Ni tu ne l'emportes, ni je ne la reprends.
   Le Roi m'a laissé sa majesté ;
  il m'a laissé son lustre et sa grandeur.
  La beauté, je ne puis la récupérer,
  car elle expire avec son possesseur :
  regarde-toi dans ce miroir.

HERMOSURA.   Ya me he mirado[1].

MUNDO.   ¿Dónde está la beldad, la gentileza
que te presté? Volvérmela procura.

HERMOSURA. Toda la consumió la sepultura.
    Allí dejé matices y colores,
allí perdí jazmines y corales,
allí desvanecí rosas y flores,
allí quebré marfiles y cristales.
Allí turbé afecciones y primores,
allí borré designios y señales,
allí eclipsé esplendores y reflejos,
allí aun no toparás sombras y lejos.

(Sale el Labrador.)

MUNDO.   Tú, villano, ¿qué hiciste?

LABRADOR.   Si villano
era fuerza que hiciese, no te asombre
un Labrador, que ya tu estilo vano
a quien labra la tierra da ese nombre.
Soy a quien trata siempre el cortesano[2]
con vil desprecio y bárbaro renombre
y soy, aunque de serlo no me aflijo,
por quien el *él*, el *vos* y el *tú* se dijo[3].

MUNDO.   Deja lo que te di.

LABRADOR.   Tú ¿qué me has dado?

MUNDO.   Un azadón te di.

LABRADOR.   ¡Qué linda alhaja!

---

1. Si la Beauté a perdu progressivement tous ses attributs, elle conserve encore un objet qu'elle remet au Monde à la fin de son rôle, ce miroir qu'elle tient à la main.
2. *Cortesano* (courtisan) s'entend ici au sens de « habitant de Madrid, de la *corte* [Madrid est le siège de la Cour] », c'est-à-dire, par antonomase, « citadin ».
3. Le Laboureur insiste sur le caractère indéterminé, et méprisant en partie pour cette raison, des pronoms employés par ses inter-

LA BEAUTÉ. C'est fait, je me suis regardée.

LE MONDE. Où sont la beauté, l'élégance
que je t'avais prêtées ? Tâche de me les rendre.

LA BEAUTÉ. Le tombeau les a toutes consumées.
   Là j'ai laissé nuances et couleurs ;
là j'ai perdu jasmins et coraux ;
là j'ai décoloré roses et fleurs ;
là j'ai brisé ivoires et cristaux.
Là j'ai anéanti tout attachement, toute délicatesse ;
là j'ai effacé tout projet, toute marque ;
là j'ai voilé toute splendeur, tout reflet ;
là tu ne trouveras aucune ombre, aucun aspect.

   (Entre le Laboureur.)

LE MONDE. Toi, manant, quel rôle fut le tien ?

LE LABOUREUR. S'il fallait que je joue le rôle
d'un « manant », ne sois pas surpris
par la venue d'un « Laboureur », puisque tel est le nom
   [que ton style pompeux
donne au travailleur de la terre.
C'est moi que le citadin traite toujours
avec un vif mépris, m'affublant d'une réputation de
   [barbare.
Et quoique je ne m'en afflige point,
c'est pour s'adresser à moi qu'on a usé
tantôt du « il », tantôt du « vous », tantôt du « tu ».

LE MONDE. Abandonne ce que je t'ai donné.

LE LABOUREUR. Toi, tu m'as donné quelque chose ?

LE MONDE. Je t'ai donné une houe.

LE LABOUREUR. Quel joli bijou !

---

locuteurs pour le désigner quand ils s'adressent à lui : *él*, pronom de troisième personne, peut être péjoratif ou désinvolte (« *il* ose me parler ? »), et s'emploie souvent par incorrection linguistique (*cf.* v. 564) ; « *vos* » est une forme du vouvoiement habituelle pour s'adresser, au théâtre, à un domestique ou à une personne envers qui on tient à marquer sa propre supériorité (« *vous*, l'ami ! ») ; *tú*, d'usage familier, est dédaigneux en dehors du cercle intime (« *toi* ! »).

MUNDO. Buena o mala, con ella habrás pagado. 1345
LABRADOR. ¿A quién el corazón no se le raja,
viendo que de este mundo desdichado
de cuanto la codicia vil trabaja
un azadón, de la salud castigo,
aun no le han de dejar llevar consigo? 1350
(Salen el Rico y el Pobre.)
MUNDO. ¿Quién va allá?
RICO. Quien de ti nunca quisiera
salir.
Y quien de ti siempre ha deseado
salir.
MUNDO. ¿Cómo los dos de esa manera
dejarme y no dejarme habéis llorado?
RICO. Porque yo rico y poderoso era. 1355
POBRE. Y yo porque era pobre y desdichado.
MUNDO. Suelta estas joyas.
(Quítaselas.)
POBRE. Mira qué bien fundo
no tener que sentir dejar el mundo.
(Sale el Niño.)
MUNDO. Tú, que al teatro a recitar entraste,
¿cómo, di, en la comedia no saliste? 1360
NIÑO. La vida en un sepulcro me quitaste,
allí te dejo lo que tú me diste.
(Sale la Discreción.)
MUNDO. Cuando a las puertas del vivir llamaste,
tú, para adorno tuyo, ¿qué pediste?
DISCRECIÓN. Pedí una religión y una obediencia, 1365
cilicios, disciplinas y abstinencia.
MUNDO. Pues déjalo en mis manos, no me puedan
decir que nadie saca sus blasones.

LE MONDE. Bon ou mauvais, rends-le et tu auras payé ta
[rançon.

LE LABOUREUR. Qui n'aurait le cœur brisé
de constater que de ce monde infortuné
on ne vous laisse même pas emporter,
parmi tout ce qui peut faire l'objet d'envie,
une houe, ce châtiment de nos santés ?

(Entrent le Riche et le Pauvre.)

LE MONDE. Qui va là ?

LE RICHE. Un homme qui n'aurait jamais voulu partir
de toi.

LE PAUVRE. Et un homme qui a toujours voulu partir
de toi.

LE MONDE. Pourquoi avez-vous pleuré ainsi tous les deux,
de me quitter et de ne pas me quitter ?

LE RICHE. Moi, parce que j'étais riche et puissant.

LE PAUVRE. Et moi parce que j'étais pauvre et malheureux.

LE MONDE. Lâche ces bijoux.

(Il les lui retire.)

LE PAUVRE. Vois comme je me porte bien
de n'avoir pas à regretter de quitter le monde.

(Entre l'Enfant.)

LE MONDE. Toi qui es venu au théâtre pour jouer un rôle,
dis-moi, pourquoi n'as-tu pas paru au cours de la pièce ?

L'ENFANT. Tu m'as ôté la vie dans un sépulcre.
Je t'y laisse tout ce que tu m'as donné.

(Entre la Sagesse.)

LE MONDE. Quand tu as frappé aux portes de la vie,
toi, qu'as-tu demandé en guise de parure ?

LA SAGESSE. J'ai demandé une règle et une obéissance,
des cilices, des disciplines et l'abstinence.

LE MONDE. Eh bien, laisse tout cela entre mes mains.
[Qu'on ne puisse pas
me reprocher qu'un seul se retire en emportant ses
[honneurs.

DISCRECIÓN.	No quiero; que en el mundo no se quedan sacrificios, afectos y oraciones, conmigo he de llevarlos, porque excedan a tus mismas pasiones tus pasiones[1]; o llega a ver si ya de mí las cobras.
MUNDO.	No te puedo quitar las buenas obras; estas solas del mundo se han sacado.
REY.	¡Quién más reinos no hubiera poseído!
HERMOSURA.	¡Quién más beldad no hubiera deseado!
RICO.	¡Quién más riquezas nunca hubiera habido!
LABRADOR.	¡Quién más, ay Dios, hubiera trabajado!
POBRE.	¡Quién más ansias hubiera padecido!
MUNDO.	Ya es tarde; que en muriendo, no os [asombre, no puede ganar méritos el hombre. Ya que he cobrado augustas majestades, ya que he borrado hermosas perfecciones, ya que he frustrado altivas vanidades, ya que he igualado cetros y azadones, al teatro pasad de las verdades, que éste el teatro es de las ficciones.
REY.	¿Cómo nos recibiste de otra suerte que nos despides?
MUNDO.	La razón advierte: cuando algún hombre hay algo que [reciba, las manos pone, atento a su fortuna, en esta forma; cuando con esquiva acción lo arroja, así las vuelve[2]. De una

---

1. Jeu de mots sur le double sens de *pasión* : « souffrance » (comme on dit la « passion » du Christ, mais il faut aussi comprendre « pénitence », s'agissant de la Sagesse représentée par une religieuse) et « attachement déréglé » (comme on dit la « passion » du jeu). Le sens est donc : « de sorte que tes souffrances [les souffrances que moi, la Sagesse, j'ai éprouvées quand j'étais en toi, dans le Monde : ces souffrances étaient donc comme tiennes] l'emportent

LA SAGESSE. Je refuse, car ni les sacrifices, ni les élans
[spirituels, ni les oraisons
ne peuvent rester dans le monde.
Je dois les emporter avec moi, de sorte que les
[souffrances endurées pour toi
l'emportent sur tes passions.
Approche donc, et vois si tu peux me les reprendre.

LE MONDE. Je ne peux t'enlever les bonnes œuvres.
Elles sont les seules qui aient pu quitter le monde.

LE ROI. Ah ! si je ne n'avais pas eu tant de royaumes !

LA BEAUTÉ. Ah ! si je n'avais pas désiré tant de beauté !

LE RICHE. Ah ! si je n'avais jamais possédé tant de richesses !

LE LABOUREUR. Ah ! mon Dieu, si j'avais travaillé davantage !

LE PAUVRE. Ah ! si j'avais enduré plus de souffrances !

LE MONDE. Il est trop tard, car après qu'il est mort – cela
[ne vous surprenne –,
l'homme ne peut pas gagner de mérites.
Maintenant que j'ai repris d'augustes majestés,
que j'ai effacé de parfaites beautés,
que j'ai confondu de hautaines vanités,
que j'ai égalé les sceptres et les houes,
passez tous au théâtre des vérités,
car ce théâtre où vous êtes est celui des fictions.

LE ROI. Pourquoi ton accueil fut-il si différent
de tes adieux ?

LE MONDE.   Apprends-en la raison.
Quand un homme doit recevoir quelque chose,
il joint les mains de cette façon, attentif à sa bonne
[fortune.
Quand il repousse l'objet d'un geste farouche,
il les retourne de la sorte.

---

sur [ou : triomphent de] tes passions [les attachements déréglés des hommes qui étaient aussi dans le monde : ces attachements étaient donc tout aussi tiens que mes souffrances].

2. Le passage s'éclaire par le jeu de scène : il faut imaginer les gestes que fait le Monde, formant d'abord avec ses mains un berceau, puis, les ayant retournées, un tombeau.

>   suerte, puesta la cuna boca arriba 1395
>   recibe al hombre, y esta misma cuna,
>   vuelta al revés, la tumba suya ha sido:
>   si cuna os recibí, tumba os despido.
>   *(Vase.)*

POBRE.   Pues que tan tirano el mundo
                de su centro nos arroja, 1400
                vamos a aquella gran cena
                que en premio de nuestras obras
                nos ha ofrecido el Autor.

REY.   ¿Tú también, tanto baldonas
                mi poder, que vas delante? 1405
                ¿Tan presto de la memoria
                que fuiste vasallo mío,
                mísero mendigo, borras?

POBRE.   Ya acabado tu papel,
                en el vestuario ahora 1410
                del sepulcro iguales somos;
                lo que fuiste poco importa.

RICO.   ¿Cómo te olvidas que a mí
                ayer pediste limosna?

POBRE.   ¿Cómo te olvidas que tú 1415
                no me la diste?

HERMOSURA.   ¿Ya ignoras
                la estimación que me debes
                por más rica y más hermosa?

DISCRECIÓN.   En el vestuario ya
                somos parecidas todas, 1420
                que en una pobre mortaja
                no hay distinción de personas.

RICO.   ¿Tú vas delante de mí,
                villano?

LABRADOR.   Deja las locas
                ambiciones, que, ya muerto, 1425
                del sol que fuiste eres sombra.

De même, le berceau dont le creux est placé vers le haut
accueille l'homme, mais ce même berceau,
une fois retourné, s'est transformé en son tombeau.
Si berceau je vous ai accueilli, c'est tombeau que je
[vous congédie.

(Il sort.)

LE PAUVRE. Puisque le monde nous rejette
si cruellement de son sein,
allons à ce grand festin
que l'Auteur nous a promis
en récompense de nos œuvres.

LE ROI. Toi aussi tu insultes
mon pouvoir en me précédant ?
Tu effaces si vite de ta mémoire
que tu fus mon vassal,
misérable mendiant ?

LE PAUVRE. Ton rôle est achevé,
et dans le vestiaire du tombeau,
nous sommes à présent égaux.
Ce que tu as été importe peu.

LE RICHE. Comment peux-tu oublier
qu'hier même, c'est à moi que tu as demandé l'aumône ?

LE PAUVRE. Comment peux-tu oublier
que c'est toi qui ne me l'as pas donnée ?

LA BEAUTÉ. Tu ignores déjà
le respect que tu me dois
pour ma plus grande richesse et ma plus grande beauté ?

LA SAGESSE. Au vestiaire, à présent,
nous sommes toutes semblables,
car dans un pauvre linceul
on ne peut distinguer entre les personnes.

LE RICHE. Tu me précèdes donc,
manant ?

LE LABOUREUR. Abandonne tes folles ambitions,
car, une fois mort,
du soleil que tu fus tu n'es plus qu'une ombre.

RICO.　　　　No sé lo que me acobarda
　　　　　　el ver al Autor ahora.

POBRE.　　　Autor del cielo y la tierra,
　　　　　　ya tu compañía[1] toda, 1430
　　　　　　que hizo de la vida humana
　　　　　　aquella comedia corta,
　　　　　　a la gran cena que tú
　　　　　　ofreciste, llega; corran
　　　　　　las cortinas de tu solio 1435
　　　　　　aquellas cándidas hojas.

*(Con música se descubre otra vez el globo
celeste, y en él una mesa con cáliz y hostia,
y el Autor sentado a ella, y sale el Mundo.)*

AUTOR.　　　Esta mesa, donde tengo
　　　　　　pan, que los cielos adoran
　　　　　　y los infiernos veneran,
　　　　　　os espera; mas importa 1440
　　　　　　saber los que han de llegar
　　　　　　a cenar conmigo ahora,
　　　　　　porque de mi compañía[2]
　　　　　　se han de ir los que no logran
　　　　　　sus papeles, por faltarles 1445
　　　　　　entendimiento y memoria
　　　　　　del bien que siempre les hice
　　　　　　con tantas misericordias.
　　　　　　Suban a cenar conmigo
　　　　　　el Pobre y la Religiosa, 1450
　　　　　　que, aunque por haber salido
　　　　　　del mundo este pan no coman[3],
　　　　　　sustento será adorarle,
　　　　　　por ser objeto de gloria[4].

(Suben los dos.)

---

1. *Cf.* v. 50.
2. *Ibid.*
3. Les âmes au ciel n'ont plus besoin de nourriture matérielle : l'eucharistie, nourriture matérielle et spirituelle sur la terre (où on la mange et où on l'adore), n'est plus qu'une nourriture spirituelle au ciel (où on ne fait plus que l'adorer).

LE RICHE. Je ne sais quel effroi me saisit
   de voir l'Auteur maintenant.

LE PAUVRE. Auteur du ciel et de la terre,
   voici que ta compagnie tout entière,
   elle qui a joué cette brève comédie
   de la vie humaine,
   arrive au grand festin
   que tu as promis.
   Que les vantaux blancs de ces portes
   écartent les rideaux de ton trône.

   (Au son de la musique, le globe céleste apparaît de nouveau, et l'on y voit, sur une table, un calice et une hostie. L'Auteur se tient assis à cette table. Entre le Monde.)

L'AUTEUR. Cette table, où j'ai disposé
   du pain que les cieux adorent
   et que les enfers vénèrent,
   vous attend. Mais il importe
   de savoir quels sont ceux qui vont s'approcher
   pour festoyer avec moi maintenant,
   car ceux qui ne jouent pas bien
   leur rôle doivent quitter ma compagnie,
   parce qu'ils ont manqué
   d'intelligence et de mémoire
   des bienfaits que je leur ai toujours accordés
   par de si nombreuses marques de miséricorde.
   Que le Pauvre et la Religieuse
   montent festoyer avec moi,
   car, même s'ils ne mangent pas de ce pain
   étant donné qu'ils sont sortis du monde,
   leur nourriture sera de l'adorer,
   parce qu'il est un objet de bonheur.

   (Ils montent tous deux.)

---

4. Calderón joue sur la polysémie du mot *gloria* : bonheur, gloire et salut de l'âme (*cf.* v. 1458, 1510, 1539, 1544, 1554, 1559, 1560). De même, il jouera sur la polysémie du mot *pena* : peine, souffrance et damnation (*cf.* v. 1456, 1457, 1458, 1489, 1494, 1510, 1532, 1559, 1560).

POBRE.	Dichoso yo, ¡oh, quién pasara	1455
	más penas y más congojas,	
	pues penas por Dios pasadas	
	cuando son penas, son glorias!	
DISCRECIÓN.	Yo, que tantas penitencias	
	hice, mil veces dichosa,	1460
	pues tan bien las he logrado:	
	aquí dichoso es quien llora	
	confesando haber errado.	
REY.	Yo, Señor, entre mis pompas,	
	¿ya no te pedí perdón?	1465
	Pues, ¿por qué no me perdonas?	
AUTOR.	La Hermosura y el Poder,	
	por aquella vanagloria	
	que tuvieron, pues lloraron,	
	subirán, pero no ahora[1],	1470
	con el Labrador también;	
	que, aunque no te dio limosna,	
	no fue por no querer darla,	
	que su intención fue piadosa,	
	y aquella reprehensión	1475
	fue en su modo misteriosa,	
	para que tú te ayudases.	
LABRADOR.	Esa fue mi intención sola,	
	que quise mal vagamundos.	
AUTOR.	Por eso os lo premio ahora,	1480
	y porque llorando culpas	
	pedisteis misericordia,	
	los tres en el Purgatorio	
	en su dilación penosa	
	estaréis.	1485
DISCRECIÓN.	Autor divino,	
	en medio de mis congojas	
	el Rey me ofreció su mano,	
	y yo he de dársela ahora.	

---

1. La Beauté, le Roi et le Laboureur, bien que destinés au ciel, sont d'abord envoyés au purgatoire (*cf.* v. 1483).

LE PAUVRE. Bienheureux que je suis ! Oh ! que n'ai-je enduré
plus de souffrances et d'angoisses,
car les souffrances endurées pour Dieu,
quand bien même elles sont souffrances, nous
[tiennent lieu de bonheur.

LA SAGESSE. Moi, qui ai fait tant de pénitences,
je suis mille fois bienheureuse,
puisque j'en ai obtenu un si grand prix.
Bienheureux maintenant celui qui pleure,
en avouant ses erreurs passées.

LE ROI. Moi, Seigneur, au milieu de ma pompe,
ne t'ai-je pas demandé pardon ?
Pourquoi donc ne pas me pardonner ?

L'AUTEUR. La Beauté et le Pouvoir,
parce qu'ils ont pleuré
sur leur arrogance passée,
monteront jusqu'à moi, mais non pas tout de suite,
avec aussi le Laboureur.
Car s'il ne t'a pas donné l'aumône,
ce n'est point qu'il ne voulût pas la donner :
son intention était pieuse au contraire,
et ses reproches t'exhortaient
de cette façon mystérieuse
à t'aider par toi-même.

LE LABOUREUR. Ce fut là mon unique intention,
car je n'ai jamais aimé voir de vagabonds.

L'AUTEUR. De tout cela je vous récompense à présent.
Et puisque vous avez demandé miséricorde
en pleurant sur vos fautes,
vous serez tous trois placés au Purgatoire
pour attendre votre délai douloureux.

LA SAGESSE. Auteur divin,
quand j'étais dans l'angoisse,
le Roi m'a offert sa main
et je vais à présent la lui tendre à mon tour.

(Dale la mano y sube el Rey.)

AUTOR. Yo le remito la pena,
pues la Religión le abona.

HERMOSURA. Pues vivo con esperanzas,
vuele el siglo, el tiempo corra.

LABRADOR. Bulas de difuntos[1] lluevan
sobre mis penas ahora,
tantas que, por llegar antes,
se encuentren unas a otras.
Pues son estas letras santas
del Pontífice de Roma
mandamientos de soltura
de esta cárcel tenebrosa.

NIÑO. Si yo no erré mi papel,
¿por qué no me galardonas,
gran Señor?

AUTOR. Porque muy poco
le acertaste; y así, ahora,
ni te premio ni castigo:
ciego, ni uno ni otro goza,
que en fin naces del pecado[2].

NIÑO. Ahora noche medrosa
como en un sueño me tiene,
ciego, sin pena ni gloria.

RICO. Si el Poder y la Hermosura,
por aquella vanagloria
que tuvieron, con haber
llorado tanto se asombran,
y el Labrador, que a gemidos
enterneciera una roca,

---

1. Il s'agit des bulles papales, documents pontificaux qui, conformément au dogme de la communion des saints et aux versets évangéliques établissant l'autorité divine de Pierre et de son successeur, le Pape (le « Pontife de Rome »), sur terre et dans le ciel (Mt 16, 17-19*), accordent des indulgences partielles ou plénières, c'est-à-dire des rémissions plus ou moins totales des peines du purgatoire, appliquables aux défunts en vertu des prières et des mérites des vivants (d'où leur nom *bulas de difuntos*, « bulles de défunts »).

(Elle tend la main au Roi, et il monte.)

L'AUTEUR. Je lui remets sa peine,
   puisque la Religion le cautionne.

LA BEAUTÉ. Puisque je vis dans l'espérance,
   que le siècle s'envole, que le temps s'écoule en courant.

LE LABOUREUR. Que des bulles d'indulgence pleuvent
   sur mes peines à présent ;
   qu'elles soient en si grand nombre que, pressées d'arriver,
   elles se bousculent les unes les autres.
   Car ces saintes traites
   du Pontife de Rome
   sont des ordres de libération
   de cette prison ténébreuse.

L'ENFANT. Si je n'ai pas commis d'erreur dans mon rôle,
   pourquoi ne pas me récompenser,
   grand Seigneur ?

L'AUTEUR.   Parce que tu l'as très peu
   réussi. Ainsi donc, maintenant,
   tu ne reçois de moi ni récompense ni châtiment.
   Aveugle, tu n'obtiendras ni l'un ni l'autre,
   car en fin du compte tu naquis du péché.

L'ENFANT. À présent une nuit redoutable
   me plonge comme en un rêve,
   aveugle, sans damnation et sans salut.

LE RICHE. Si le Pouvoir et la Beauté
   sont saisis d'une telle épouvante
   à cause de leur vanité passée,
   bien qu'ils l'aient abondamment pleurée ;
   et si le Laboureur, dont les gémissements
   pourraient attendrir un rocher,

---

2. L'enfant mort-né ou le nouveau-né mort sans baptême est marqué par le péché originel (dont il n'a pu être purifié par le baptême), mais n'ayant eu l'occasion de commettre aucun péché volontaire, il obtient, dans les limbes, un statut intermédiaire dans l'au-delà (ni avec Dieu au paradis, ni en enfer avec les damnés).

	está temblando de ver	
	la presencia poderosa	
	de la vista del Autor,	
	¿cómo oso mirarla ahora?	1520
	Mas es preciso llegar,	
	pues no hay adonde me esconda	
	de su riguroso juicio.	
	¿Autor?	
AUTOR.	¿Cómo así me nombras?	
	Que aunque soy tu Autor, es bien	1525
	que de decirlo te corras,	
	pues que ya en mi compañía[1]	
	no has de estar; de ella te arroja	
	mi poder: desciende adonde	
	te atormente tu ambiciosa	1530
	condición eternamente,	
	entre penas y congojas[2].	
RICO.	¡Ay de mí! Que envuelto en fuego	
	caigo, arrastrando mi sombra	
	donde ya que no me vea	1535
	yo a mí mismo, duras rocas	
	sepultarán mis entrañas	
	en tenebrosas alcobas.	
DISCRECIÓN.	Infinita gloria tengo.	
HERMOSURA.	Tenerla espero dichosa.	1540
LABRADOR.	Hermosura, por deseos	
	no me llevarás la joya[3].	
RICO.	No la espero eternamente.	
NIÑO.	No tengo, para mí, gloria.	
AUTOR.	Las cuatro postrimerías[4]	1545
	son las que presentes notan	
	vuestros ojos. Y porque	
	de estas cuatro se conozca	

---

1. *Cf.* v. 50.
2. Ce lieu est, bien entendu, l'enfer.
3. La *joya* est une prime exceptionnelle offerte en cadeau aux compagnies théâtrales dont le spectacle était particulièrement réussi.

tremble à l'idée de se trouver
en la présence toute-puissante
du simple regard de l'Auteur,
comment puis-je oser la regarder maintenant ?
Mais il faut bien que je m'approche,
car il n'y a point d'endroit où je puisse me cacher
à son jugement rigoureux.
Auteur ?

L'AUTEUR.   Comment oses-tu m'appeler ainsi ?
Car s'il est vrai que je suis ton Auteur, il est juste
que tu aies honte de le dire,
car désormais tu seras exclu
de ma compagnie. Mon pouvoir
t'en rejette : descends en un lieu
où tu subiras éternellement le tourment
pour ta nature ambitieuse,
parmi les souffrances et les angoisses.

LE RICHE. Malheur à moi ! Enveloppé de feu,
je tombe, entraînant mon ombre
en un lieu où, ne me voyant plus moi-même,
de durs rochers
enseveliront mes entrailles
dans des niches ténébreuses.

LA SAGESSE. J'ai une gloire infinie.

LA BEAUTÉ. J'en espère une, bienheureuse.

LE LABOUREUR. Beauté, malgré tous tes désirs,
tu ne pourras me retirer ma prime.

LE RICHE. Pour l'éternité, je ne l'espère plus.

L'ENFANT. Je n'obtiens pas de gloire pour moi.

L'AUTEUR. Les quatre fins dernières
s'offrent présentement à vos yeux.
Mais afin que l'on sache
que parmi ces quatre fins,

---

4. Selon les auteurs, les quatre fins dernières de l'homme sont soit la mort, le jugement, le paradis et l'enfer, soit (comme dans le texte de Calderón) le paradis, le purgatoire, les limbes et l'enfer.

>   que se ha de acabar la una[1],
>   suba la Hermosura ahora
>   con el Labrador, alegres,
>   a esta mesa misteriosa,
>   pues que ya por sus fatigas
>   merecen grados de gloria[2].

>   *(Suben los dos.)*

HERMOSURA.   ¡Qué ventura!
LABRADOR.   ¡Qué consuelo!
RICO.   ¡Qué desdicha!
REY.   ¡Qué vitoria!
RICO.   ¡Qué sentimiento!
DISCRECIÓN.   ¡Qué alivio!
POBRE.   ¡Qué dulzura!
RICO.   ¡Qué ponzoña!
NIÑO.   Gloria y pena hay, pero yo
              ni tengo pena ni gloria.
AUTOR.   Pues el ángel en el cielo,
              en el mundo las personas
              y en el infierno el demonio,
              todos a este Pan se postran;
              en el infierno, en el cielo
              y mundo, a un tiempo se oigan
              dulces voces que le alaben,
              acordadas y sonoras[3].

>   *(Tocan chirimías; cantan el « Tantum ergo »
>   muchas veces.)*[4]

1. Le purgatoire est un lieu et un état transitoires, et par conséquent appelés à disparaître, où l'âme pécheresse, mais non damnée, se purifie avant de paraître devant Dieu au paradis.
2. La métaphore paulinienne du *miles Christi* (le chrétien est un « soldat du Christ », 2 Tim 2, 3-4) sous-tend ce vers : une reconnaissance formelle (*grados*, « échelons » ou « degrés ») accompagne la « *gloria* » (*cf.* v. 1454), récompense du bon chrétien. En outre, les *grados* renvoient aussi aux « marches » de l'escalier (escalier d'honneur ou de gloire) que la Beauté et le Laboureur vont monter pour rejoindre l'Auteur.

l'une doit s'achever,
que la Beauté accède maintenant
avec le Laboureur, dans la joie,
à cette table mystérieuse,
car leurs tourments
leur valent déjà des échelons de gloire.

(Ils montent tous les deux.)

LA BEAUTÉ. Quel bonheur !

LE LABOUREUR. Quel réconfort !

LE RICHE. Quel malheur !

LE ROI. Quelle victoire !

LE RICHE. Quel regret !

LA SAGESSE. Quel soulagement !

LE PAUVRE. Quelle douceur !

LE RICHE. Quel poison !

L'ENFANT. On donne salut et damnation,
[mais je n'obtiens pour ma part
ni damnation ni salut.

L'AUTEUR. Puisque l'ange dans le ciel,
les hommes dans le monde
et le démon dans l'enfer
se prosternent tous devant ce Pain,
que dans l'enfer, que dans le ciel,
que dans le monde, on entende en même temps
de douces voix qui chantent ses louanges,
dans un retentissement harmonieux.

(Au son des larigots, on chante le « Tantum ergo » à plusieurs reprises.)

---

3. Paraphrase de l'Épître de saint Paul aux Philippiens (2, 9-11*).
4. Le *Tantum ergo*★ est un hymne eucharistique bref (constitué par les deux dernières strophes du *Pange lingua*, hymne eucharistique attribué à saint Thomas d'Aquin), qu'on chante devant l'ostensoir avant de recevoir la bénédiction du saint sacrement, le plus souvent à l'issue de l'office des vêpres ou à l'occasion d'un salut. C'est un chant habituel des processions de la Fête-Dieu où l'on vénère le saint sacrement, et donc des *autos sacramentales* en Espagne.

MUNDO.
>Y, pues representaciones
>es aquesta vida toda,
>merezca alcanzar perdón
>de las unas y las otras.

1570

FIN

LE MONDE. Et puisque cette vie
   tout entière n'est qu'une série de représentations,
   puissé-je mériter votre pardon
   pour les unes et pour les autres.

FIN

ANNEXES

1. La versification 175
2. Textes bibliques et liturgiques cités en notes   179

LA VERSIFICATION

D'un point de vue formel, l'écriture théâtrale au Siècle d'or se caractérise par une polymétrie constante, que l'on retrouve dans *Le Grand Théâtre du monde*. À l'exception des *redondillas* (quatrains de vers octosyllabes) et des tercets en *terza rima*, tous les mètres d'usage courant dans le théâtre espagnol se retrouvent dans le texte de Calderón. Si, dès le XVIIe siècle, les dramaturges se sont efforcés d'attribuer à l'emploi de chaque mètre une signification fonctionnelle (l'exemple le plus célèbre étant celui de Lope de Vega dans son *Nouvel Art de faire des comédies en ce temps* [1]), on constatera surtout que la polymétrie apporte une diversification et une complexité rythmique à la parole dramatique : le dramaturge convoque tous les rythmes possibles du discours pour constituer un vaste poème dramatique, de la solennité ample et majestueuse de

---

1. « Qu'avec discernement il approprie les vers / Aux différents sujets qu'il s'emploie à traiter : / Les *décimas* sont excellentes pour les plaintes, / Le sonnet convient bien aux tourments de l'attente, / Et quoique les récits réclament les *romances*, / Extrême est leur éclat versés dans les *octavas*. / Il prendra les tercets pour les affaires graves / Et les *redondillas* pour celles de l'amour. » Lope de Vega, *Nouvel Art de faire des comédies en ce temps (Arte nuevo de hacer comedias en este tiempo)*, v. 305-312, trad. André Labertit, dans *Théâtre espagnol du XVIIe siècle*, éd. Robert Marrast, Gallimard, « Bibliothèque de la Pléiade », t. II, 1999, p. 1422.

l'*octava real* à la légèreté gracieuse de la *quintilla*, du récitatif des *romances* à la tension des *décimas*, en passant par les pauses lyriques ou métaphysiques de deux sonnets.

Pour atteindre cette complexité discursive, l'*auto sacramental* associe les formes octosyllabiques propres à la tradition castillane (*décimas, quintillas, romance*) aux strophes hendécasyllabiques (*octavas reales, silva,* sonnets) originaires d'Italie.

On peut indiquer dans un tableau les variations métriques observables tout au long de la pièce :

NUMÉRO DES VERS	MÈTRES EMPLOYÉS
1-66	silva de pareados
67-278	romance (assonance en *ú-o*)
279-637	décimas [1]
638-647	silva
648-667	décimas
668-960	romance (assonance en *ó*) [2]
961-974	sonnet
975-1024	romance (assonance en *ó*)
1025-1038	sonnet
1039-1092	romance (assonance en *ó*)
1093-1102	décimas
1103-1160	romance (assonance en *ó*)
1161-1170	décimas
1171-1174	romance (assonance en *ó*)
1175-1198	quintillas [3]
1199-1254	romance (assonance en *ó*)
1255-1398	octavas reales
1399-1572	romance (assonance en *ó-a*)

---

1. Entre les vers 580 et 581, la transmission textuelle a perdu, dès le XVIIe siècle, le troisième vers de la trente-deuxième *décima*.
2. Entre les vers 670 et 671, il manque un vers pour faire assonance avec le vers 669 du *romance*.
3. Entre les vers 1191 et 1192, la transmission textuelle a perdu, dès le XVIIe siècle, le troisième vers de la quatrième *quintilla* à moins que, le sens du passage n'étant pas du tout altéré, il s'agisse d'un cas d'insertion de *redondilla* dans une série de *quintillas*.

Définition des formes métriques employées dans
Le Grand Théâtre du monde

Décima (ou **espinela**) : dizain formé de deux *redondillas* (quatrains de vers octosyllabes à rimes, ici, embrassées), réunies par deux vers de liaison également octosyllabes, suivant le schéma : ABBA AC CDDC.

Octava real (ou **octava rima** ou **octava heróica**) : huitain formé de vers hendécasyllabes à rimes croisées dans les six premiers vers, les deux derniers formant une rime plate, suivant le schéma : ABABABCC.

Quintilla : quintil formé de vers octosyllabes organisés autour de deux rimes, réparties ici suivant le schéma : ABABA (strophes 1 – v. 1175-1179 – et 3, 4, 5 – v. 1185-1198) et ABAAB (strophe 2, v. 1180-1184).

Romance : composition non strophique, formée par une série plus ou moins étendue de vers octosyllabes, avec assonance sur les vers pairs, les vers impairs demeurant libres.

Silva : composition non strophique, formée par une combinaison plus ou moins étendue de vers hendécasyllabes et de vers heptasyllabes librement disposés et rimant entre eux sans ordre de rimes imposé. Dans la *silva de pareados* (v. 1-66), les vers riment entre eux deux par deux, dans une succession de rimes plates.

Sonnet : poème constitué de quatorze vers hendécasyllabes, ordonnés en deux quatrains suivis de deux tercets. Calderón choisit un ordre classique de rimes dans les deux sonnets du *Grand Théâtre du monde* : ABBA ABBA CDE CDE.

TEXTES BIBLIQUES ET LITURGIQUES CITÉS EN NOTES

VERS 37

Livre de la Genèse (1, 3) :
pour Dieu, concevoir, c'est créer

1 […] ³Dieu dit : « Que la lumière soit » et la lumière fut.

VERS 87

Livre de la Genèse (1, 1-26) :
la création du monde en six jours

1 ¹Au commencement, Dieu créa le ciel et la terre. ²Or la terre était vide et vague, les ténèbres couvraient l'abîme, un vent de Dieu tournoyait sur les eaux.
³Dieu dit : « Que la lumière soit » et la lumière fut. ⁴Dieu vit que la lumière était bonne, et Dieu sépara la lumière et les ténèbres. ⁵Dieu appela la lumière « jour » et les ténèbres « nuit ». Il y eut un soir et il y eut un matin : premier jour.
⁶Dieu dit : « Qu'il y ait un firmament au milieu des eaux et qu'il sépare les eaux d'avec les eaux » et il en fut ainsi. ⁷Dieu fit le firmament, qui sépara les eaux qui sont sous le firmament d'avec les eaux qui sont au-dessus du firmament, ⁸et Dieu appela le firmament « ciel ». Il y eut un soir et il y eut un matin : deuxième jour.

[9] Dieu dit : « Que les eaux qui sont sous le ciel s'amassent en une seule masse et qu'apparaisse le continent » et il en fut ainsi. [10] Dieu appela le continent « terre » et la masse des eaux « mers », et Dieu vit que cela était bon.
[11] Dieu dit : « Que la terre verdisse de verdure : des herbes portant semence et des arbres fruitiers donnant sur la terre selon leur espèce des fruits contenant leur semence » et il en fut ainsi. [12] La terre produisit de la verdure : des herbes portant semence selon leur espèce, des arbres donnant selon leur espèce des fruits contenant leur semence, et Dieu vit que cela était bon. [13] Il y eut un soir et il y eut un matin : troisième jour.
[14] Dieu dit : « Qu'il y ait des luminaires au firmament du ciel pour séparer le jour et la nuit ; qu'ils servent de signes, tant pour les fêtes que pour les jours et les années ; [15] qu'ils soient des luminaires au firmament du ciel pour éclairer la terre » et il en fut ainsi. [16] Dieu fit les deux luminaires majeurs : le grand luminaire comme puissance du jour et le petit luminaire comme puissance de la nuit, et les étoiles. [17] Dieu les plaça au firmament du ciel pour éclairer la terre, [18] pour commander au jour et à la nuit, pour séparer la lumière et les ténèbres, et Dieu vit que cela était bon. [19] Il y eut un soir et il y eut un matin : quatrième jour.
[20] Dieu dit : « Que les eaux grouillent d'un grouillement d'êtres vivants et que des oiseaux volent au-dessus de la terre contre le firmament du ciel » et il en fut ainsi. [21] Dieu créa les grands serpents de mer et tous les êtres vivants qui glissent et qui grouillent dans les eaux selon leur espèce, et toute la gent ailée selon son espèce, et Dieu vit que cela était bon. [22] Dieu les bénit et dit : « Soyez féconds, multipliez, emplissez l'eau des mers, et que les oiseaux multiplient sur la terre. » [23] Il y eut un soir et il y eut un matin : cinquième jour.
[24] Dieu dit : « Que la terre produise des êtres vivants selon leur espèce : bestiaux, bestioles, bêtes sauvages selon leur espèce » et il en fut ainsi. [25] Dieu fit les bêtes sauvages selon leur espèce, les bestiaux selon leur espèce et toutes les bestioles du sol selon leur espèce, et Dieu vit que cela était bon.
[26] Dieu dit : « Faisons l'homme à notre image, comme notre ressemblance, et qu'ils dominent sur les poissons de la mer, les oiseaux du ciel, les bestiaux, toutes les bêtes sauvages et toutes les bestioles qui rampent sur la terre. »

Vers 92

Livre de la Genèse (1, 14-18) :
les luminaires dans le ciel

1 [...] ¹⁴ Dieu dit : « Qu'il y ait des luminaires au firmament du ciel pour séparer le jour et la nuit ; qu'ils servent de signes, tant pour les fêtes que pour les jours et les années ; ¹⁵ qu'ils soient des luminaires au firmament du ciel pour éclairer la terre » et il en fut ainsi. ¹⁶ Dieu fit les deux luminaires majeurs : le grand luminaire comme puissance du jour et le petit luminaire comme puissance de la nuit, et les étoiles. ¹⁷ Dieu les plaça au firmament du ciel pour éclairer la terre, ¹⁸ pour commander au jour et à la nuit, pour séparer la lumière et les ténèbres, et Dieu vit que cela était bon.

Vers 103

Livre de la Genèse (2, 8-15) :
le jardin d'Éden

2 [...] ⁸Yahvé Dieu planta un jardin en Éden, à l'orient, et il y mit l'homme qu'il avait modelé. ⁹Yahvé Dieu fit pousser du sol toute espèce d'arbres séduisants à voir et bons à manger, et l'arbre de vie au milieu du jardin, et l'arbre de la connaissance du bien et du mal. ¹⁰ Un fleuve sortait d'Éden pour arroser le jardin et de là il se divisait pour former quatre bras. ¹¹ Le premier s'appelle le Pishôn : il contourne tout le pays de Havila, où il y a l'or ; ¹² l'or de ce pays est pur et là se trouvent le bdellium et la pierre de cornaline. ¹³ Le deuxième fleuve s'appelle le Gihôn : il contourne tout le pays de Kush. ¹⁴ Le troisième fleuve s'appelle le Tigre : il coule à l'orient d'Assur. Le quatrième fleuve est l'Euphrate. ¹⁵Yahvé Dieu prit l'homme et l'établit dans le jardin d'Éden pour le cultiver et le garder.

Vers 116

Livre de la Genèse (2, 16-17 ; 3, 1-13) :
*l'arbre de la connaissance du bien
et du mal et le serpent*

2 [...] ¹⁶ Et Yahvé Dieu fit à l'homme ce commandement : « Tu peux manger de tous les arbres du jardin. ¹⁷ Mais de l'arbre de la connaissance du bien et du mal tu ne mangeras pas, car, le jour où tu en mangeras, tu deviendras passible de mort. »
3 ¹ Le serpent était le plus rusé de tous les animaux des champs que Yahvé Dieu avait faits. Il dit à la femme : « Alors, Dieu a dit : "Vous ne mangerez pas de tous les arbres du jardin ?" » ² La femme répondit au serpent : « Nous pouvons manger du fruit des arbres du jardin. ³ Mais du fruit de l'arbre qui est au milieu du jardin, Dieu a dit : "Vous n'en mangerez pas, vous n'y toucherez pas, sous peine de mort." » ⁴ Le serpent répliqua à la femme : « Pas du tout ! Vous ne mourrez pas ! ⁵ Mais Dieu sait que, le jour où vous en mangerez, vos yeux s'ouvriront et vous serez comme des dieux, qui connaissent le bien et le mal. » ⁶ La femme vit que l'arbre était bon à manger et séduisant à voir, et qu'il était, cet arbre, désirable pour acquérir le discernement. Elle prit de son fruit et mangea. Elle en donna aussi à son mari, qui était avec elle, et il mangea. ⁷ Alors leurs yeux à tous deux s'ouvrirent et ils connurent qu'ils étaient nus ; ils cousirent des feuilles de figuier et se firent des pagnes.
⁸ Ils entendirent le pas de Yahvé Dieu qui se promenait dans le jardin à la brise du jour, et l'homme et sa femme se cachèrent devant Yahvé Dieu parmi les arbres du jardin. ⁹ Yahvé Dieu appela l'homme : « Où es-tu ? » dit-il. ¹⁰ « J'ai entendu ton pas dans le jardin, répondit l'homme ; j'ai eu peur parce que je suis nu et je me suis caché. » ¹¹ Il reprit : « Et qui t'a appris que tu étais nu ? Tu as donc mangé de l'arbre dont je t'avais défendu de manger ! » ¹² L'homme répondit : « C'est la femme que tu as mise auprès de moi qui m'a donné de l'arbre, et j'ai mangé ! » ¹³ Yahvé Dieu dit à la femme : « Qu'as-tu fait là ? » Et la femme répondit : « C'est le serpent qui m'a séduite, et j'ai mangé. »

Vers 146

Livre de la Genèse (7, 17-24 ; 8, 1-22) :
le Déluge

7 [...] ¹⁷ Il y eut le déluge pendant quarante jours sur la terre ; les eaux grossirent et soulevèrent l'arche, qui fut élevée au-dessus de la terre. ¹⁸ Les eaux montèrent et grossirent beaucoup sur la terre et l'arche s'en alla à la surface des eaux. ¹⁹ Les eaux montèrent de plus en plus sur la terre et toutes les plus hautes montagnes qui sont sous tout le ciel furent couvertes. ²⁰ Les eaux montèrent quinze coudées plus haut, recouvrant les montagnes. ²¹ Alors périt toute chair qui se meut sur la terre : oiseaux, bestiaux, bêtes sauvages, tout ce qui grouille sur la terre, et tous les hommes. ²² Tout ce qui avait une haleine de vie dans les narines, c'est-à-dire tout ce qui était sur la terre ferme, mourut. ²³ Ainsi disparurent tous les êtres qui étaient à la surface du sol, depuis l'homme jusqu'aux bêtes, aux bestioles et aux oiseaux du ciel : ils furent effacés de la terre et il ne resta que Noé et ce qui était avec lui dans l'arche. ²⁴ La crue des eaux sur la terre dura cent cinquante jours.

8 ¹ Alors Dieu se souvint de Noé et de toutes les bêtes sauvages et de tous les bestiaux qui étaient avec lui dans l'arche ; Dieu fit passer un vent sur la terre et les eaux désenflèrent. ² Les sources de l'abîme et les écluses du ciel furent fermées ; – la pluie fut retenue de tomber du ciel ³ et les eaux se retirèrent petit à petit de la terre ; – les eaux baissèrent au bout de cent cinquante jours ⁴ et, au septième mois, au dix-septième jour du mois, l'arche s'arrêta sur les monts d'Ararat. ⁵ Les eaux continuèrent à baisser jusqu'au dixième mois et, au premier du dixième mois, apparurent les sommets des montagnes.

⁶ Au bout de quarante jours, Noé ouvrit la fenêtre qu'il avait faite à l'arche ⁷ et il lâcha le corbeau, qui alla et vint en attendant que les eaux aient séché sur la terre. ⁸ Alors il lâcha d'auprès de lui la colombe pour voir si les eaux avaient diminué à la surface du sol. ⁹ La colombe, ne trouvant pas un endroit où poser ses pattes, revint vers lui dans l'arche, car il y avait de l'eau sur toute la surface de la terre ; il étendit la main, la prit et la fit rentrer auprès de lui dans l'arche. ¹⁰ Il attendit encore sept autres jours et lâcha de nouveau la colombe hors de l'arche. ¹¹ La colombe revint vers lui sur le soir et voici qu'elle avait dans le bec un rameau tout

frais d'olivier ! Ainsi Noé connut que les eaux avaient diminué à la surface de la terre. ¹²Il attendit encore sept autres jours et lâcha la colombe, qui ne revint plus vers lui.
¹³ C'est en l'an 601 de la vie de Noé, au premier mois, le premier du mois, que les eaux séchèrent sur la terre. Noé enleva la couverture de l'arche ; il regarda, et voici que la surface du sol était sèche !
¹⁴ Au second mois, le vingt-septième jour du mois, la terre fut sèche.
¹⁵ Alors Dieu parla ainsi à Noé : ¹⁶ « Sors de l'arche, toi et ta femme, tes fils et les femmes de tes fils avec toi. ¹⁷Tous les animaux qui sont avec toi, tout ce qui est chair, oiseaux, bestiaux et tout ce qui rampe sur la terre, fais-les sortir avec toi : qu'ils pullulent sur la terre, qu'ils soient féconds et multiplient sur la terre. » ¹⁸ Noé sortit avec ses fils, sa femme et les femmes de ses fils ; ¹⁹ et toutes les bêtes sauvages, tous les bestiaux, tous les oiseaux, toutes les bestioles qui rampent sur la terre sortirent de l'arche, une espèce après l'autre.
²⁰ Noé construisit un autel à Yahvé, il prit de tous les animaux purs et de tous les oiseaux purs et offrit des holocaustes sur l'autel. ²¹Yahvé respira l'agréable odeur et il se dit en lui-même : « Je ne maudirai plus jamais la terre à cause de l'homme, parce que les desseins du cœur de l'homme sont mauvais dès son enfance ; plus jamais je ne frapperai tous les vivants comme j'ai fait. ²²Tant que durera la terre, semailles et moisson, froidure et chaleur, été et hiver, jour et nuit ne cesseront plus. »

VERS 151

Livre de la Genèse (6, 13-22) :
l'arche de Noé

6 […] ¹³ Dieu dit à Noé : « La fin de toute chair est arrivée, je l'ai décidé, car la terre est pleine de violence à cause des hommes et je vais les faire disparaître de la terre. ¹⁴ Fais-toi une arche en bois résineux, tu la feras en roseaux et tu l'enduiras de bitume en dedans et en dehors. ¹⁵Voici comment tu la feras : trois cents coudées pour la longueur de l'arche, cinquante coudées pour sa largeur, trente coudées pour sa hauteur. ¹⁶Tu feras à l'arche un toit et tu l'achèveras une coudée plus haut, tu placeras l'entrée de l'arche sur le côté et tu feras un premier, un second et un troisième étages.

[17] « Pour moi, je vais amener le déluge, les eaux, sur la terre, pour exterminer de dessous le ciel toute chair ayant souffle de vie : tout ce qui est sur la terre doit périr. [18] Mais j'établirai mon alliance avec toi et tu entreras dans l'arche, toi et tes fils, ta femme et les femmes de tes fils avec toi. [19] De tout ce qui vit, de tout ce qui est chair, tu feras entrer dans l'arche deux de chaque espèce pour les garder en vie avec toi ; qu'il y ait un mâle et une femelle. [20] De chaque espèce d'oiseaux, de chaque espèce de bestiaux, de chaque espèce de toutes les bestioles du sol, un couple viendra avec toi pour que tu les gardes en vie. [21] De ton côté, procure-toi de tout ce qui se mange et fais-en provision : cela servira de nourriture pour toi et pour eux. » [22] Noé agit ainsi ; tout ce que Dieu lui avait commandé, il le fit.

VERS 157

Livre de la Genèse (9, 8-17) :
l'arc-en-ciel, signe de l'alliance

9 [...] [8] Dieu parla ainsi à Noé et à ses fils : [9] « Voici que j'établis mon alliance avec vous et avec vos descendants après vous, [10] et avec tous les êtres animés qui sont avec vous : oiseaux, bestiaux, toutes bêtes sauvages avec vous, bref tout ce qui est sorti de l'arche, tous les animaux de la terre. [11] J'établis mon alliance avec vous : tout ce qui est ne sera plus détruit par les eaux du déluge, il n'y aura plus de déluge pour ravager la terre. »
[12] Et Dieu dit : « Voici le signe de l'alliance que j'institue entre moi et vous et tous les êtres vivants qui sont avec vous, pour les générations à venir : [13] je mets mon arc dans la nuée et il deviendra un signe d'alliance entre moi et la terre. [14] Lorsque j'assemblerai les nuées sur la terre et que l'arc apparaîtra dans la nuée, [15] je me souviendrai de l'alliance qu'il y a entre moi et vous et tous les êtres vivants, en somme toute chair, et les eaux ne deviendront plus un déluge pour détruire toute chair. [16] Quand l'arc sera dans la nuée, je le verrai et me souviendrai de l'alliance éternelle qu'il y a entre Dieu et tous les êtres vivants, en somme toute chair qui est sur la terre. » [17] Dieu dit à Noé : « Tel est le signe de l'alliance que j'établis entre moi et toute chair qui est sur la terre. »

Vers 169

Livre de l'Exode (20, 1-17) :
les dix commandements

20 ¹ Dieu prononça toutes ces paroles, et dit : ² « Je suis Yahvé, ton Dieu, qui t'a fait sortir du pays d'Égypte, de la maison de servitude.
³ Tu n'auras pas d'autres dieux devant moi.
⁴ Tu ne te feras aucune image sculptée, rien qui ressemble à ce qui est dans les cieux, là-haut, ou sur la terre, ici-bas, ou dans les eaux, au-dessous de la terre.
⁵ Tu ne te prosterneras pas devant ces dieux et tu ne les serviras pas, car moi Yahvé, ton Dieu, je suis un Dieu jaloux qui punis la faute des pères sur les enfants, les petits-enfants et les arrière-petits-enfants pour ceux qui me haïssent, ⁶ mais qui fais grâce à des milliers pour ceux qui m'aiment et gardent mes commandements.
⁷ Tu ne prononceras pas le nom de Yahvé ton Dieu à faux, car Yahvé ne laisse pas impuni celui qui prononce son nom à faux.
⁸ Tu te souviendras du jour du sabbat pour le sanctifier.
⁹ Pendant six jours tu travailleras et tu feras tout ton ouvrage ; ¹⁰ mais le septième jour est un sabbat pour Yahvé ton Dieu. Tu ne feras aucun ouvrage, toi, ni ton fils, ni ta fille, ni ton serviteur, ni ta servante, ni tes bêtes, ni l'étranger qui est dans tes portes. ¹¹ Car en six jours Yahvé a fait le ciel, la terre, la mer et tout ce qu'ils contiennent, mais il s'est reposé le septième jour, c'est pourquoi Yahvé a béni le jour du sabbat et l'a consacré.
¹² Honore ton père et ta mère, afin que se prolongent tes jours sur la terre que te donne Yahvé ton Dieu.
¹³ Tu ne tueras pas.
¹⁴ Tu ne commettras pas d'adultère.
¹⁵ Tu ne voleras pas.
¹⁶ Tu ne porteras pas de témoignage mensonger contre ton prochain.
¹⁷ Tu ne convoiteras pas la maison de ton prochain. Tu ne convoiteras pas la femme de ton prochain, ni son serviteur, ni sa servante, ni son bœuf, ni son âne, rien de ce qui est à ton prochain. »

Vers 174

Livre de l'Exode (14, 15-29) :
le passage de la mer Rouge

14 [...] ¹⁵Yahvé dit à Moïse : « Pourquoi cries-tu vers moi ? Dis aux Israélites de repartir. ¹⁶Toi, lève ton bâton, étends ta main sur la mer et fends-la, que les Israélites puissent pénétrer à pied sec au milieu de la mer. ¹⁷Moi, j'endurcirai le cœur des Égyptiens, ils pénétreront à leur suite et je me glorifierai aux dépens de Pharaon, de toute son armée, de ses chars et de ses cavaliers. ¹⁸Les Égyptiens sauront que je suis Yahvé quand je me serai glorifié aux dépens de Pharaon, de ses chars et de ses cavaliers. »
¹⁹L'Ange de Dieu qui marchait en avant du camp d'Israël se déplaça et marcha derrière eux, et la colonne de nuée se déplaça de devant eux et se tint derrière eux. ²⁰Elle vint entre le camp des Égyptiens et le camp d'Israël. La nuée était ténébreuse et la nuit s'écoula sans que l'un puisse s'approcher de l'autre de toute la nuit. ²¹Moïse étendit la main sur la mer, et Yahvé refoula la mer toute la nuit par un fort vent d'est ; il la mit à sec et toutes les eaux se fendirent. ²²Les Israélites pénétrèrent à pied sec au milieu de la mer, et les eaux leur formaient une muraille à droite et à gauche. ²³Les Égyptiens les poursuivirent, et tous les chevaux de Pharaon, ses chars et ses cavaliers pénétrèrent à leur suite au milieu de la mer. ²⁴À la veille du matin, Yahvé regarda de la colonne de feu et de nuée vers le camp des Égyptiens, et jeta la confusion dans le camp des Égyptiens. ²⁵Il enraya les roues de leurs chars qui n'avançaient plus qu'à grand-peine. Les Égyptiens dirent : « Fuyons devant Israël car Yahvé combat avec eux contre les Égyptiens ! » ²⁶Yahvé dit à Moïse : « Étends ta main sur la mer, que les eaux refluent sur les Égyptiens, sur leurs chars et sur leurs cavaliers. » ²⁷Moïse étendit la main sur la mer et, au point du jour, la mer rentra dans son lit. Les Égyptiens en fuyant la rencontrèrent, et Yahvé culbuta les Égyptiens au milieu de la mer. ²⁸Les eaux refluèrent et recouvrirent les chars et les cavaliers de toute l'armée de Pharaon, qui avaient pénétré derrière eux dans la mer. Il n'en resta pas un seul. ²⁹Les Israélites, eux, marchèrent à pied sec au milieu de la mer, et les eaux leur formèrent une muraille à droite et à gauche.

Vers 179

Livre des Nombres (9, 15-23) :
la nuée de feu

9 [...] ¹⁵ Le jour où l'on avait dressé la Demeure, la Nuée avait couvert la Demeure, la Tente du Rendez-vous. Du soir au matin, elle reposait sur la Demeure sous l'aspect d'un feu. ¹⁶ Ainsi la nuée la couvrait en permanence, prenant l'aspect d'un feu jusqu'au matin.
¹⁷ Lorsque la Nuée s'élevait au-dessus de la Tente, alors les Israélites levaient le camp ; au lieu où la Nuée s'arrêtait, là campaient les Israélites. ¹⁸ Les Israélites partaient sur l'ordre de Yahvé et sur son ordre ils campaient. Ils campaient aussi longtemps que la Nuée reposait sur la Demeure. ¹⁹ Si la Nuée restait de longs jours sur la Demeure, les Israélites rendaient leur culte à Yahvé et ne partaient pas. ²⁰ Mais s'il arrivait que la Nuée restât peu de jours sur la Demeure, alors ils campaient sur l'ordre de Yahvé et partaient sur l'ordre de Yahvé. ²¹ S'il arrivait que la Nuée, après avoir reposé du soir au matin, s'élevât au matin, ils partaient alors. Ou bien, elle s'élevait après avoir séjourné un jour et une nuit, et ils partaient alors. ²² Ou bien encore elle séjournait deux jours, un mois ou une année ; aussi longtemps que la Nuée reposait sur la Demeure, les Israélites campaient sur place, mais lorsqu'elle s'élevait ils partaient. ²³ Sur l'ordre de Yahvé ils campaient, et sur l'ordre de Yahvé ils partaient. Ils rendaient leur culte à Yahvé, suivant les ordres de Yahvé transmis par Moïse.

Vers 184

Livre de l'Exode (19, 18-20) :
Moïse monte au mont Sinaï

19 [...] ¹⁸ Or la montagne du Sinaï était toute fumante, parce que Yahvé y était descendu dans le feu ; la fumée s'en élevait comme d'une fournaise et toute la montagne tremblait violemment. ¹⁹ Le son de trompe allait en s'amplifiant ; Moïse parlait et Dieu lui répondait dans le tonnerre. ²⁰ Yahvé descendit sur la montagne du Sinaï, au sommet de la montagne. Yahvé appela Moïse au sommet de la montagne et Moïse monta.

Vers 190

Évangile selon saint Matthieu (27, 45-53) :
les ébranlements de la nature à la mort de Jésus

27 [...] ⁴⁵ À partir de la sixième heure, l'obscurité se fit sur toute la terre, jusqu'à la neuvième heure. ⁴⁶ Et vers la neuvième heure, Jésus clama en un grand cri : « Eli, Eli, lema sabachtani », c'est-à-dire : « Mon Dieu, mon Dieu, pourquoi m'as-tu abandonné ? » ⁴⁷ Certains de ceux qui se tenaient là disaient en l'entendant : « Il appelle Élie, celui-ci ! » ⁴⁸ Et aussitôt l'un d'eux courut prendre une éponge qu'il imbiba de vinaigre et, l'ayant mise au bout d'un roseau, il lui donnait à boire. ⁴⁹ Mais les autres lui dirent : « Laisse ! que nous voyions si Élie va venir le sauver ! » ⁵⁰ Or Jésus, poussant de nouveau un grand cri, rendit l'esprit.
⁵¹ Et voilà que le voile du Sanctuaire se déchira en deux, du haut en bas ; la terre trembla, les rochers se fendirent, ⁵² les tombeaux s'ouvrirent et de nombreux corps de saints trépassés ressuscitèrent : ⁵³ ils sortirent des tombeaux après sa résurrection, entrèrent dans la Ville sainte et se firent voir à bien des gens.

Évangile selon saint Luc (23, 44-46) :
les ébranlements de la nature après la mort de Jésus

23 [...] ⁴⁴ C'était déjà environ la sixième heure quand, le soleil s'éclipsant, l'obscurité se fit sur la terre entière, jusqu'à la neuvième heure. ⁴⁵ Le voile du Sanctuaire se déchira par le milieu, ⁴⁶ et, jetant un grand cri, Jésus dit : « Père, en tes mains je remets mon esprit. » Ayant dit cela, il expira.

Vers 191

Évangile selon saint Matthieu (24, 29-31) :
les cataclysmes de la parousie

[24] [...] ²⁹ « Aussitôt après la tribulation de ces jours-là, le soleil s'obscurcira, la lune ne donnera plus sa lumière, les étoiles tomberont du ciel, et les puissances des cieux seront ébranlées. ³⁰ Et alors apparaîtra dans le ciel le signe du Fils de l'homme ; et alors toutes les races de la terre se frapperont la poitrine ; et l'on verra le Fils de l'homme venant sur

les nuées du ciel avec puissance et grande gloire. [31] Et il enverra ses anges avec une trompette sonore, pour rassembler ses élus des quatre vents, des extrémités des cieux à leurs extrémités. »

Évangile selon saint Marc (13, 24-27) :
les cataclysmes de la parousie

13 […] [24] Mais en ces jours-là, après cette tribulation, le soleil s'obscurcira, la lune ne donnera plus sa lumière, [25] les étoiles se mettront à tomber du ciel et les puissances qui sont dans les cieux seront ébranlées. [26] Et alors on verra le Fils de l'homme venant dans des nuées avec grande puissance et gloire. [27] Et alors il enverra les anges pour rassembler ses élus, des quatre vents, de l'extrémité de la terre à l'extrémité du ciel.

Évangile selon saint Luc (21, 25-28) :
les cataclysmes de la parousie

21 […] [25] « Et il y aura des signes dans le soleil, la lune et les étoiles. Sur la terre, les nations seront dans l'angoisse, inquiètes du fracas de la mer et des flots ; [26] des hommes défailliront de frayeur, dans l'attente de ce qui menace le monde habité, car les puissances des cieux seront ébranlées. [27] Et alors on verra le Fils de l'homme venant dans une nuée avec puissance et grande gloire. [28] Quand cela commencera d'arriver, redressez-vous et relevez la tête, parce que votre délivrance est proche. »

VERS 259 (ET VERS 1262)

Livre de la Genèse (3, 17-19) :
*Adam est condamné à gagner son pain
à la sueur de son front*

3 […] [17] À l'homme, il dit : « Parce que tu as écouté la voix de ta femme et que tu as mangé de l'arbre dont je t'avais interdit de manger, maudit soit le sol à cause de toi ! À force de peines tu en tireras subsistance tous les jours de ta vie. [18] Il produira pour toi épines et chardons et tu mangeras l'herbe des champs. [19] À la sueur de ton visage tu mangeras

ton pain, jusqu'à ce que tu retournes au sol, puisque tu en fus tiré. Car tu es glaise et tu retourneras à la glaise. »

Vers 297

Livre de la Genèse (2, 7) :
l'homme créé par Dieu à partir de la glaise

2 [...] ⁷ Alors Yahvé Dieu modela l'homme avec la glaise du sol, il insuffla dans ses narines une haleine de vie et l'homme devint un être vivant.

Vers 438

Livre de l'Exode (3, 13-15) :
le nom de Dieu

3 [...] ¹³ Moïse dit à Dieu : « Voici, je vais trouver les Israélites et je leur dis : Le Dieu de vos pères m'a envoyé vers vous. Mais s'ils me disent : "Quel est son nom ?", que leur dirai-je ? » ¹⁴ Dieu dit à Moïse : « Je suis celui qui est. » Et il dit : « Voici ce que tu diras aux Israélites : "*Je suis* m'a envoyé vers vous." » ¹⁵ Dieu dit encore à Moïse : « Tu parleras ainsi aux Israélites : Yahvé, le Dieu de vos pères, le Dieu d'Abraham, le Dieu d'Isaac et le Dieu de Jacob m'a envoyé vers vous. C'est mon nom pour toujours, c'est ainsi que l'on m'invoquera de génération en génération. »

Vers 471

Évangile selon saint Matthieu (24, 42-51) :
parabole du serviteur vigilant

24 [...] ⁴² « Veillez donc, parce que vous ne savez pas quel jour va venir votre Maître. ⁴³ Comprenez-le bien : si le maître de maison avait su à quelle heure de la nuit le voleur devait venir, il aurait veillé et n'aurait pas permis qu'on perçât le mur de sa demeure. ⁴⁴ Ainsi donc, vous aussi, tenez-vous prêts, car c'est à l'heure que vous ne pensez pas que le Fils de l'homme va venir.

⁴⁵ « Quel est donc le serviteur fidèle et avisé que le maître a établi sur les gens de sa maison pour leur donner la nourriture en temps voulu ? ⁴⁶ Heureux ce serviteur que son maître en arrivant trouvera occupé de la sorte ! ⁴⁷ En vérité je vous le dis, il l'établira sur tous ses biens. ⁴⁸ Mais si ce mauvais serviteur dit en son cœur : "Mon maître tarde", ⁴⁹ et qu'il se mette à frapper ses compagnons, à manger et à boire en compagnie des ivrognes, ⁵⁰ le maître de ce serviteur arrivera au jour qu'il n'attend pas et à l'heure qu'il ne connaît pas ; ⁵¹ il le retranchera et lui assignera sa part parmi les hypocrites : là seront les pleurs et les grincements de dents. »

Évangile selon saint Luc (12, 35-48) :
parabole du serviteur vigilant

12 ³⁵ « Que vos reins soient ceints et vos lampes allumées. ³⁶ Soyez semblables, vous, à des gens qui attendent leur maître à son retour de noces, pour lui ouvrir dès qu'il viendra et frappera. ³⁷ Heureux ces serviteurs que le maître en arrivant trouvera en train de veiller ! En vérité, je vous le dis, il se ceindra, les fera mettre à table et, passant de l'un à l'autre, il les servira. ³⁸ Qu'il vienne à la deuxième ou à la troisième veille, s'il trouve les choses ainsi, heureux seront-ils ! ³⁹ Comprenez bien ceci : si le maître de maison avait su à quelle heure le voleur devait venir, il n'aurait pas laissé percer le mur de sa maison. ⁴⁰ Vous aussi, tenez-vous prêts, car c'est à l'heure que vous ne pensez pas que le Fils de l'homme va venir. »
⁴¹ Pierre dit alors : « Seigneur, est-ce pour nous que tu dis cette parabole, ou bien pour tout le monde ? » ⁴² Et le Seigneur dit : « Quel est donc l'intendant fidèle, avisé, que le maître établira sur ses gens pour leur donner en temps voulu leur ration de blé ? ⁴³ Heureux ce serviteur, que son maître en arrivant trouvera occupé de la sorte ! ⁴⁴ Vraiment, je vous le dis, il l'établira sur tous ses biens. ⁴⁵ Mais si ce serviteur dit en son cœur : "Mon maître tarde à venir", et qu'il se mette à frapper les serviteurs et les servantes, à manger, boire et s'enivrer, ⁴⁶ le maître de ce serviteur arrivera au jour qu'il n'attend pas et à l'heure qu'il ne connaît pas ; il le retranchera et lui assignera sa part parmi les infidèles.
⁴⁷ « Le serviteur qui, connaissant la volonté de son maître, n'aura rien préparé ou fait selon sa volonté, recevra un grand nombre de coups. ⁴⁸ Quant à celui qui, sans la connaître, aura par sa conduite mérité des coups, il n'en recevra qu'un

petit nombre. À qui on aura donné beaucoup il sera beaucoup demandé, et à qui on aura confié beaucoup on réclamera davantage. »

Vers 474

> Évangile selon saint Luc (12, 32) :
> *les disciples, troupeau du Christ*

12 […] ³² « Sois sans crainte, petit troupeau, car votre Père s'est complu à vous donner le Royaume. »

Vers 562

> Livre de la Genèse (3, 1-7) :
> *le péché originel*

3 ¹ Le serpent était le plus rusé de tous les animaux des champs que Yahvé Dieu avait faits. Il dit à la femme : « Alors, Dieu a dit : "Vous ne mangerez pas de tous les arbres du jardin" ? » ² La femme répondit au serpent : « Nous pouvons manger du fruit des arbres du jardin. ³ Mais du fruit de l'arbre qui est au milieu du jardin, Dieu a dit : "Vous n'en mangerez pas, vous n'y toucherez pas, sous peine de mort." » ⁴ Le serpent répliqua à la femme : « Pas du tout ! Vous ne mourrez pas ! ⁵ Mais Dieu sait que, le jour où vous en mangerez, vos yeux s'ouvriront et vous serez comme des dieux, qui connaissent le bien et le mal. » ⁶ La femme vit que l'arbre était bon à manger et séduisant à voir, et qu'il était, cet arbre, désirable pour acquérir le discernement. Elle prit de son fruit et mangea. Elle en donna aussi à son mari, qui était avec elle, et il mangea. ⁷ Alors leurs yeux à tous deux s'ouvrirent et ils connurent qu'ils étaient nus ; ils cousirent des feuilles de figuier et se firent des pagnes.

Vers 607

Évangile selon saint Matthieu (25, 14-30) :
la parabole des talents

25 […] ¹⁴ « C'est comme un homme qui, partant en voyage, appela ses serviteurs et leur remit sa fortune. ¹⁵ À l'un il donna cinq talents, deux à un autre, un seul à un troisième, à chacun selon ses capacités, et puis il partit. Aussitôt ¹⁶ celui qui avait reçu les cinq talents alla les faire produire et en gagna cinq autres. ¹⁷ De même celui qui en avait reçu deux en gagna deux autres. ¹⁸ Mais celui qui n'en avait reçu qu'un s'en alla faire un trou en terre et enfouit l'argent de son maître. ¹⁹ Après un long temps, le maître de ces serviteurs arrive et il règle ses comptes avec eux. ²⁰ Celui qui avait reçu les cinq talents s'avança et présenta cinq autres talents : "Seigneur, dit-il, tu m'as remis cinq talents : voici cinq autres talents que j'ai gagnés." » – ²¹ C'est bien, serviteur bon et fidèle, lui dit son maître, en peu de choses tu as été fidèle, sur beaucoup je t'établirai ; entre dans la joie de ton seigneur. ²²Vint ensuite celui qui avait reçu deux talents : "Seigneur, dit-il, tu m'as remis deux talents : voici deux autres talents que j'ai gagnés." – ²³ C'est bien, serviteur bon et fidèle, lui dit son maître, en peu de choses tu as été fidèle, sur beaucoup je t'établirai ; entre dans la joie de ton seigneur. ²⁴Vint enfin celui qui détenait un seul talent : "Seigneur, dit-il, j'ai appris à te connaître pour un homme âpre au gain : tu moissonnes où tu n'as point semé, et tu ramasses où tu n'as rien répandu. ²⁵ Aussi, pris de peur, je suis allé enfouir ton talent dans la terre : le voici, tu as ton bien." ²⁶ Mais son maître lui répondit : – Serviteur mauvais et paresseux ! tu savais que je moissonne où je n'ai pas semé, et que je ramasse où je n'ai rien répandu ? ²⁷ Eh bien ! tu aurais dû placer mon argent chez les banquiers, et à mon retour j'aurais recouvré mon bien avec un intérêt. ²⁸ Enlevez-lui donc son talent et donnez-le à celui qui a les dix talents. ²⁹ Car à tout homme qui a, l'on donnera et il aura du surplus ; mais à celui qui n'a pas, on enlèvera ce qu'il a. ³⁰ Et ce propre-à-rien de serviteur, jetez-le dehors, dans les ténèbres : là seront les pleurs et les grincements de dents. »

Évangile selon saint Luc (19, 11-27) :
la parabole des mines

19 [...] [11] Comme les gens écoutaient cela, il dit encore une parabole, parce qu'il était près de Jérusalem, et qu'on pensait que le Royaume de Dieu allait apparaître à l'instant même. [12] Il dit donc : « Un homme de haute naissance se rendit dans un pays lointain pour recevoir la dignité royale et revenir ensuite. [13] Appelant dix de ses serviteurs, il leur remit dix mines et leur dit : "Faites-les valoir jusqu'à ce que je vienne." [14] Mais ses concitoyens le haïssaient et ils dépêchèrent à sa suite une ambassade chargée de dire : "Nous ne voulons pas que celui-là règne sur nous."

[15] « Et il advint qu'une fois de retour, après avoir reçu la dignité royale, il fit appeler ces serviteurs auxquels il avait remis l'argent, pour savoir ce que chacun lui avait fait produire. [16] Le premier se présenta et dit : "Seigneur, ta mine a rapporté dix mines." – [17] "C'est bien, bon serviteur, lui dit-il ; puisque tu t'es montré fidèle en très peu de chose, reçois autorité sur dix villes." [18] Le second vint et dit : "Ta mine, Seigneur, a produit cinq mines." [19] À celui-là encore il dit : "Toi aussi, sois à la tête de cinq villes."

[20] « L'autre aussi vint et dit : "Seigneur, voici ta mine, que je gardais déposée dans un linge. [21] Car j'avais peur de toi, qui es un homme sévère, qui prends ce que tu n'as pas mis en dépôt et moissonnes ce que tu n'as pas semé." – [22] Je te juge, lui dit-il, sur tes propres paroles, mauvais serviteur. Tu savais que je suis un homme sévère, prenant ce que je n'ai pas mis en dépôt et moissonnant ce que je n'ai pas semé. [23] Pourquoi donc n'as-tu pas confié mon argent à la banque ? À mon retour, je l'aurais retiré avec un intérêt. [24] Et il dit à ceux qui se tenaient là : "Enlevez-lui sa mine, et donnez-la à celui qui a les dix mines." – [25] Seigneur, lui dirent-ils, il a dix mines ! – [26] Je vous le dis : à tout homme qui a l'on donnera ; mais à qui n'a pas on enlèvera même ce qu'il a.

[27] « Quant à mes ennemis, ceux qui n'ont pas voulu que je règne sur eux, amenez-les ici, et égorgez-les en ma présence. »

Vers 652

Livre de Daniel (3, 62-72) :
l'hymne des trois Hébreux dans la fournaise

3 [...] ⁶² Ô vous, soleil et lune, bénissez le Seigneur :
   chantez-le, exaltez-le éternellement !
⁶³ Ô vous, astres du ciel, bénissez le Seigneur :
   chantez-le, exaltez-le éternellement !
⁶⁴ Ô vous toutes, pluies et rosées, bénissez le Seigneur :
   chantez-le, exaltez-le éternellement !
⁶⁵ Ô vous tous, vents, bénissez le Seigneur :
   chantez-le, exaltez-le éternellement !
⁶⁶ Ô vous, feu et ardeur, bénissez le Seigneur :
   chantez-le, exaltez-le éternellement !
⁶⁷ Ô vous, froidure et ardeur, bénissez le Seigneur :
   chantez-le, exaltez-le éternellement !
⁶⁸ Ô vous, rosées et giboulées, bénissez le Seigneur :
   chantez-le, exaltez-le éternellement !
⁶⁹ Ô vous, gel et froidure, bénissez le Seigneur :
   chantez-le, exaltez-le éternellement !
⁷⁰ Ô vous, glaces et neiges, bénissez le Seigneur :
   chantez-le, exaltez-le éternellement !
⁷¹ Ô vous, nuits et jours, bénissez le Seigneur :
   chantez-le, exaltez-le éternellement !
⁷² Ô vous, lumière et ténèbres, bénissez le Seigneur :
   chantez-le, exaltez-le éternellement !

Vers 666

Évangile selon saint Matthieu (22, 34-40) :
le plus grand commandement

22 [...] ³⁴ Apprenant qu'il avait fermé la bouche aux Sadducéens, les Pharisiens se réunirent en groupe, ³⁵ et l'un d'eux lui demanda pour l'embarrasser : ³⁶ « Maître, quel est le plus grand commandement de la Loi ? » ³⁷ Jésus lui dit : « Tu aimeras le Seigneur ton Dieu de tout ton cœur, de toute ton âme et de tout ton esprit : ³⁸ voilà le plus grand et le premier commandement. ³⁹ Le second lui est semblable : Tu aimeras ton prochain comme toi-même. ⁴⁰ À ces deux commandements se rattache toute la Loi, ainsi que les Prophètes. »

Évangile selon saint Marc (12, 28-34) :
le plus grand commandement

12 [...] ²⁸ Un scribe qui les avait entendus discuter, voyant qu'il leur avait bien répondu, s'avança et lui demanda : « Quel est le premier de tous les commandements ? » ²⁹ Jésus répondit : « Le premier c'est : Écoute, Israël, le Seigneur notre Dieu est l'unique Seigneur, ³⁰ et tu aimeras le Seigneur ton Dieu de tout ton cœur, de toute ton âme, de tout ton esprit et de toute ta force. ³¹ Voici le second : Tu aimeras ton prochain comme toi-même. Il n'y a pas de commandement plus grand que ceux-là. » ³² Le scribe lui dit : « Fort bien, Maître, tu as eu raison de dire qu'Il est unique et qu'il n'y en a pas d'autre que Lui ; ³³ l'aimer de tout son cœur, de toute son intelligence et de toute sa force, et aimer le prochain comme soi-même, vaut mieux que tous les holocaustes et tous les sacrifices. » ³⁴ Jésus, voyant qu'il avait fait une remarque pleine de sens, lui dit : « Tu n'es pas loin du Royaume de Dieu. » Et nul n'osait plus l'interroger.

Évangile selon saint Luc (10, 25-28) :
le plus grand commandement

10 [...] ²⁵ Et voici qu'un légiste se leva, et lui dit pour l'éprouver : « Maître, que dois-je faire pour avoir en héritage la vie éternelle ? » ²⁶ Il lui dit : « Dans la Loi, qu'y a-t-il d'écrit ? Comment lis-tu ? » ²⁷ Celui-ci répondit : « Tu aimeras le Seigneur, ton Dieu, de tout ton cœur, de toute ton âme, de toute ta force et de tout ton esprit ; et ton prochain comme toi-même » – ²⁸ « Tu as bien répondu, lui dit Jésus ; fais cela et tu vivras. »

VERS 785

Premier livre de Samuel (25, 2-42) :
histoire de Nabal, le riche fermier

25 [...] ² Il y avait à Maôn un homme, qui avait ses affaires à Karmel ; c'était un homme très riche, il avait mille moutons et mille chèvres, et il était alors à Karmel pour la tonte de son troupeau. ³ L'homme se nommait Nabal et sa femme, Abigayil ; mais alors que la femme était pleine de bon sens

et belle à voir, l'homme était brutal et malfaisant ; il était Calébite.
⁴ David, ayant appris au désert que Nabal tondait son troupeau, ⁵ envoya dix garçons auxquels il dit : « Montez à Karmel, rendez-vous chez Nabal et saluez-le de ma part. ⁶ Vous parlerez ainsi à mon frère : Salut à toi, salut à ta maison, salut à tout ce qui t'appartient ! ⁷ Maintenant, j'apprends que tu as les tondeurs. Or tes bergers ont été avec nous, nous ne les avons pas molestés et rien de ce qui leur appartenait n'a disparu, tout le temps qu'ils furent à Karmel. ⁸ Interroge tes serviteurs et ils te renseigneront. Puissent les garçons trouver bon accueil auprès de toi, car nous sommes venus un jour de fête. Donne, je te prie, ce que tu as sous la main à tes serviteurs et à ton fils David. »
⁹ Les garçons de David, étant arrivés, redirent toutes ces paroles à Nabal de la part de David et attendirent. ¹⁰ Mais Nabal, s'adressant aux serviteurs de David, leur dit : « Qui est David, qui est le fils de Jessé ? Il y a aujourd'hui trop de serviteurs qui se sauvent de chez leurs maîtres. ¹¹ Je vais peut-être prendre mon pain, mon vin, ma viande que j'ai abattue pour mes tondeurs et en faire cadeau à des gens qui viennent je ne sais d'où ! » ¹² Les garçons de David rebroussèrent chemin et s'en retournèrent. À leur arrivée, ils répétèrent toutes ces paroles à David. ¹³ Alors David dit à ses hommes : « Que chacun ceigne son épée ! » Ils ceignirent chacun son épée, David aussi ceignit la sienne, et quatre cents hommes environ partirent à la suite de David, tandis que deux cents restaient près des bagages.
¹⁴ Or Abigayil, la femme de Nabal, avait été avertie par l'un des serviteurs, qui lui dit : « David a envoyé, du désert, des messagers pour saluer notre maître, mais celui-ci s'est jeté sur eux. ¹⁵ Pourtant ces gens ont été très bons pour nous, ils ne nous ont pas molestés et nous n'avons rien perdu, tout le temps que nous avons circulé près d'eux, quand nous étions dans la campagne. ¹⁶ Nuit et jour, ils ont été comme un rempart autour de nous, tout le temps que nous fûmes avec eux à paître le troupeau. ¹⁷ Reconnais maintenant et vois ce que tu dois faire, car la perte de notre maître et de toute sa maison est une affaire réglée, et c'est un vaurien à qui on ne peut rien dire. »
¹⁸ Vite Abigayil prit deux cents pains, deux outres de vin, cinq moutons apprêtés, cinq boisseaux de grain rôti, cent grappes de raisin sec, deux cents gâteaux de figues, qu'elle chargea sur des ânes. ¹⁹ Elle dit à ses serviteurs : « Passez

devant, et moi je vous suis », mais elle ne prévint pas Nabal, son mari.
²⁰ Tandis que, montée sur un âne, elle descendait derrière un repli de la montagne, David et ses hommes descendaient vis-à-vis d'elle et elle les rencontra. ²¹ Or David s'était dit : « C'est donc en vain que j'ai protégé dans le désert tout ce qui était à ce bonhomme et que rien de ce qui lui appartenait n'a disparu ! Il me rend le mal pour le bien ! ²² Que Dieu fasse à David ce mal et qu'il ajoute cet autre si, d'ici à demain matin, je laisse de tous les siens subsister un seul mâle. » ²³ Dès qu'Abigayil aperçut David, elle se hâta de descendre de l'âne et, tombant sur la face devant David, elle se prosterna jusqu'à terre. ²⁴ Se jetant à ses pieds, elle dit : « Que la faute soit sur moi, Monseigneur ! Puisse ta servante parler à tes oreilles et daigne écouter les paroles de ta servante ! ²⁵ Que Monseigneur ne fasse pas attention à ce vaurien, à ce Nabal, car il porte bien son nom : il s'appelle La Brute et vraiment il est abruti. Mais moi, ta servante, je n'avais pas vu les garçons que Monseigneur avait envoyés. ²⁶ Maintenant, Monseigneur, par la vie de Yahvé et ta propre vie, par Yahvé qui t'a empêché d'en venir au sang et de te faire justice de ta propre main, que deviennent comme Nabal tes ennemis et ceux qui cherchent du mal à Monseigneur ! ²⁷ Quant à ce présent que ta servante apporte à Monseigneur, qu'il soit remis aux garçons qui marchent sur les pas de Monseigneur. ²⁸ Pardonne, je t'en prie, l'offense de ta servante ! Aussi bien, Yahvé assurera à Monseigneur une maison durable, car Monseigneur combat les guerres de Yahvé et, au long de ta vie, on ne trouve pas de mal en toi. ²⁹ Et si un homme se lève pour te poursuivre et attenter à ta vie, l'âme de Monseigneur sera ensachée dans le sachet de vie auprès de Yahvé ton Dieu, tandis que l'âme de tes ennemis, il la lancera au creux de la fronde. ³⁰ Lors donc que Yahvé aura accompli pour Monseigneur tout le bien qu'il a dit à ton propos et lorsqu'il t'aura établi chef sur Israël, ³¹ que ce ne soit pas pour toi un trouble et un remords pour Monseigneur d'avoir versé en vain le sang et de s'être fait justice de sa main. Quand Yahvé aura fait du bien à Monseigneur, souviens-toi de ta servante. »
³² David répondit à Abigayil : « Béni soit Yahvé, Dieu d'Israël, qui t'a envoyée aujourd'hui à ma rencontre. ³³ Bénie soit ta sagesse et bénie sois-tu, pour m'avoir retenu aujourd'hui d'en venir au sang et de me faire justice de ma propre main ! ³⁴ Mais, par la vie de Yahvé, Dieu d'Israël, qui

m'a empêché de te faire du mal, si tu n'étais pas venue aussi vite au-devant de moi, je jure que, d'ici au lever du matin, il ne serait pas resté à Nabal un seul mâle. » [35] David reçut ce qu'elle lui avait apporté et il lui dit : « Remonte en paix chez toi. Vois : je t'ai exaucée et je t'ai fait grâce. »
[36] Quand Abigayil arriva chez Nabal, il festoyait dans sa maison. Un festin de roi : Nabal était en joie et complètement ivre ; aussi, jusqu'au lever du jour, elle ne lui révéla rien. [37] Le matin, quand Nabal eut cuvé son vin, sa femme lui raconta cette affaire : alors son cœur mourut dans sa poitrine et il devint comme une pierre. [38] Une dizaine de jours plus tard, Yahvé frappa Nabal et il mourut.
[39] Ayant appris que Nabal était mort, David dit : « Béni soit Yahvé qui m'a rendu justice pour l'injure que j'avais reçue de Nabal et qui a retenu son serviteur de commettre le mal. Yahvé a fait retomber la méchanceté de Nabal sur sa propre tête. »
David envoya demander Abigayil en mariage. [40] Les serviteurs de David vinrent donc trouver Abigayil à Karmel et lui dirent : « David nous a envoyés vers toi pour te prendre comme sa femme. » [41] D'un mouvement, elle se prosterna la face contre terre et dit : « Ta servante est comme une esclave, pour laver les pieds des serviteurs de Monseigneur. » [42] Vite, Abigayil se releva et monta sur un âne ; suivie par cinq de ses servantes, elle partit derrière les messagers de David et elle devint sa femme.

VERS 882

Évangile selon saint Luc (16, 19-31) :
parabole du mauvais riche et du pauvre Lazare

16 [...] [19] « Il y avait un homme riche qui se revêtait de pourpre et de lin fin et faisait chaque jour brillante chère. [20] Et un pauvre, nommé Lazare, gisait près de son portail, tout couvert d'ulcères. [21] Il aurait bien voulu se rassasier de ce qui tombait de la table du riche... Bien plus, les chiens eux-mêmes venaient lécher ses ulcères. [22] Or il advint que le pauvre mourut et fut emporté par les anges dans le sein d'Abraham. Le riche aussi mourut, et on l'ensevelit.
[23] « Dans l'Hadès, en proie à des tortures, il lève les yeux et voit de loin Abraham, et Lazare en son sein. [24] Alors il s'écria : "Père Abraham, aie pitié de moi et envoie Lazare

tremper dans l'eau le bout de son doigt pour me rafraîchir la langue, car je suis tourmenté dans cette flamme." ²⁵ Mais Abraham dit : "Mon enfant, souviens-toi que tu as reçu tes biens pendant ta vie, et Lazare pareillement ses maux ; maintenant ici il est consolé, et toi, tu es tourmenté. ²⁶ Ce n'est pas tout : entre nous et vous un grand abîme a été fixé, afin que ceux qui voudraient passer d'ici chez vous ne le puissent, et qu'on ne traverse pas non plus de là-bas chez nous."
²⁷ « Il dit alors : "Je te prie donc, père, d'envoyer Lazare dans la maison de mon père, ²⁸ car j'ai cinq frères ; qu'il leur porte son témoignage, de peur qu'ils ne viennent, eux aussi, dans ce lieu de la torture." ²⁹ Et Abraham de dire : "Ils ont Moïse et les Prophètes ; qu'ils les écoutent." – ³⁰ Non, père Abraham, dit-il, mais si quelqu'un de chez les morts va les trouver, ils se repentiront. ³¹ Mais il lui dit : "Du moment qu'ils n'écoutent pas Moïse et les Prophètes, même si quelqu'un ressuscite d'entre les morts, ils ne seront pas convaincus." »

Vers 922

Évangile selon saint Jean (6, 32-35 ; 49-51 ; 53-58) :
Jésus est le vrai pain venu du ciel

6 [...] ³² Jésus leur répondit :
 « En vérité, en vérité, je vous le dis, non,
 ce n'est pas Moïse qui vous a donné le pain qui vient du ciel ;
 mais c'est mon Père qui vous le donne, le pain qui vient du ciel, le vrai ;
 ³³ car le pain de Dieu,
 c'est celui qui descend du ciel
 et donne la vie au monde. »
³⁴ Ils lui dirent alors : « Seigneur, donne-nous toujours ce pain-là. » ³⁵ Jésus leur dit :
 « Je suis le pain de vie. Qui vient à moi n'aura jamais faim ;
 qui croit en moi n'aura jamais soif. [...]
 ⁴⁹Vos pères, dans le désert, ont mangé la manne et sont morts ;

⁵⁰ ce pain est celui qui descend du ciel pour qu'on le mange et ne meure pas.
⁵¹ Je suis le pain vivant, descendu du ciel.
Qui mangera ce pain vivra à jamais.
Et même, le pain que je donnerai,
c'est ma chair pour la vie du monde. » [...]
⁵³ Alors Jésus leur dit :
« En vérité, en vérité, je vous le dis,
si vous ne mangez la chair du Fils de l'homme et ne buvez son sang,
vous n'aurez pas la vie en vous.
⁵⁴ Qui mange ma chair et boit mon sang a la vie éternelle
et je le ressusciterai au dernier jour.
⁵⁵ Car ma chair est vraiment une nourriture et mon sang vraiment une boisson.
⁵⁶ Qui mange ma chair et boit mon sang
demeure en moi
et moi en lui.
⁵⁷ De même que le Père, qui est vivant, m'a envoyé et que je vis par le Père,
de même celui qui me mange,
lui aussi vivra par moi.
⁵⁸ Voici le pain descendu du ciel ;
il n'est pas comme celui qu'ont mangé les pères et ils sont morts ;
qui mange ce pain vivra à jamais. »

VERS 976

Premier livre des Rois (3, 5-14) :
Salomon demande la sagesse à Dieu

3 [...] ⁵ À Gabaôn, Yahvé apparut la nuit en songe à Salomon. Dieu dit : « Demande ce que je dois te donner. » ⁶ Salomon répondit : « Tu as témoigné une grande bienveillance à ton serviteur David, mon père, et celui-ci a marché devant toi dans la fidélité, la justice et la droiture du cœur ; tu lui as gardé cette grande bienveillance et tu as permis qu'un de ses fils soit aujourd'hui assis sur son trône. ⁷ Maintenant, Yahvé mon Dieu, tu as établi roi ton serviteur à la place de mon père David, et moi, je suis un tout jeune homme, je ne sais pas agir en chef. ⁸ Ton serviteur est au

milieu du peuple que tu as élu, un peuple nombreux, si nombreux qu'on ne peut le compter ni le recenser. ⁹ Donne à ton serviteur un cœur plein de jugement pour gouverner ton peuple, pour discerner entre le bien et le mal, car qui pourrait gouverner ton peuple, qui est si grand ? » ¹⁰ Il plut au regard du Seigneur que Salomon ait fait cette demande ; ¹¹ et Dieu lui dit : « Parce que tu as demandé cela, que tu n'as pas demandé pour toi de longs jours, ni la richesse, ni la vie de tes ennemis, mais que tu as demandé pour toi le discernement du jugement, ¹² voici que je fais ce que tu as dit : je te donne un cœur sage et intelligent comme personne ne l'a eu avant toi et comme personne ne l'aura après toi. ¹³ Et même ce que tu n'as pas demandé, je te le donne aussi : une richesse et une gloire comme à personne parmi les rois. ¹⁴ Et si tu suis mes voies, gardant mes lois et mes commandements comme a fait ton père David, je t'accorderai une longue vie. »

Vers 999

Livre de l'Ecclésiaste (1, 4-11) :
l'éternel recommencement

1 [...] ⁴ Un âge va, un âge vient, mais la terre tient toujours.
⁵ Le soleil se lève, le soleil se couche, il se hâte vers son lieu et c'est là qu'il se lève. ⁶ Le vent part au midi, tourne au nord, il tourne, tourne et va, et sur son parcours retourne le vent. ⁷ Tous les fleuves coulent vers la mer et la mer n'est pas remplie. Vers l'endroit où coulent les fleuves, c'est par là qu'ils continueront de couler. ⁸ Toute parole est lassante ! Personne ne peut dire que l'œil n'est pas rassasié de voir, et l'oreille saturée par ce qu'elle a entendu.
⁹ Ce qui fut, cela sera,
ce qui s'est fait se refera,
et il n'y a rien de nouveau sous le soleil !
¹⁰ Qu'il y ait quelque chose dont on dise : « Tiens, voilà du nouveau », cela fut dans les siècles qui nous ont précédés.
¹¹ Il n'y a pas de souvenir d'autrefois, et même pour ceux des temps futurs : il n'y aura d'eux aucun souvenir auprès de ceux qui les suivront.

VERS 1042

Livre d'Ézéchiel (7, 20 ; 28, 11-19) :
l'orgueil détruit la beauté

7 [...] [20] Dans la beauté de leurs bijoux, ils mettaient leur orgueil : ils en ont fait leurs images abominables, leurs horreurs, c'est pourquoi j'en ferai pour eux une souillure.
28 [...] [11] La parole de Yahvé me fut adressée en ces termes : [12] Fils d'homme, prononce une complainte contre le roi de Tyr. Tu lui diras : Ainsi parle le Seigneur Yahvé.

Tu étais un modèle de perfection,
plein de sagesse,
merveilleux de beauté,
[13] tu étais en Éden, au jardin de Dieu.
Toutes sortes de pierres précieuses formaient ton manteau :
sardoine, topaze, diamant, chrysolithe, onyx, jaspe, saphir, escarboucle, émeraude,
d'or étaient travaillées tes pendeloques et tes paillettes ;
tout cela fut préparé au jour de ta création.
[14] Toi, j'avais fait de toi un chérubin protecteur aux ailes déployées,
tu étais sur la sainte montagne de Dieu,
tu marchais au milieu des charbons ardents.
[15] Ta conduite fut exemplaire depuis le jour de ta création jusqu'à ce que fût trouvée en toi l'injustice.
[16] Par l'activité de ton commerce,
tu t'es rempli de violence et de péchés.
Je t'ai précipité de la montagne de Dieu
et je t'ai fait périr, chérubin protecteur, du milieu des charbons.
[17] Ton cœur s'est enorgueilli à cause de ta beauté.
Tu as corrompu ta sagesse à cause de ton éclat.
Je t'ai jeté à terre,
je t'ai offert en spectacle aux rois.
[18] Par la multitude de tes fautes,
par la malhonnêteté de ton commerce, tu as profané tes sanctuaires.
J'ai fait sortir de toi un feu pour te dévorer ;
je t'ai réduit en cendres sur la terre,
aux yeux de tous ceux qui te regardaient.
[19] Quiconque te connaît parmi les peuples

est frappé de stupeur à ton sujet.
Tu es devenu un objet d'effroi,
c'en est fait de toi à jamais.

VERS 1173

Livre d'Isaïe (22, 13) :
les paroles des pécheurs

22 […] ¹³ Mais voici la joie et l'allégresse,
on tue les bœufs et on égorge les moutons,
on mange de la viande et on boit du vin :
« Mangeons et buvons, car demain nous mourrons ! »

VERS 1193 ET 1202

Livre de Job (3, 1-10) :
les plaintes de Job

3 ¹ Enfin Job ouvrit la bouche et maudit le jour de sa naissance.
² Il prit la parole et dit :
³ Périsse le jour qui me vit naître
et la nuit qui annonça : « Un garçon vient d'être conçu. »
⁴ Ce jour-là, qu'il soit ténèbres,
que Dieu, de là-haut, ne le réclame pas,
que la lumière ne brille pas sur lui !
⁵ Que le revendiquent ténèbres et ombre épaisse,
qu'une nuée s'installe sur lui,
qu'une éclipse en fasse sa proie !
⁶ Oui, que l'obscurité le possède,
qu'il ne s'ajoute pas aux jours de l'année,
n'entre point dans le compte des mois !
⁷ Cette nuit-là, qu'elle soit stérile,
qu'elle ignore les cris de joie !
⁸ Que la maudissent ceux qui maudissent les jours
et sont prêts à réveiller Léviathan !
⁹ Que se voilent les étoiles de son aube,
qu'elle attende en vain la lumière
et ne voie point s'ouvrir les paupières de l'aurore !

> [10] Car elle n'a pas fermé sur moi la porte du ventre,
> pour cacher à mes yeux la souffrance. »

VERS 1206

Livre de Job (13, 28 ; 14, 1-5) :
les jours de l'homme sont comptés

> 13 [...] [28] Et lui s'effrite comme un bois vermoulu,
> ou comme un vêtement dévoré par la teigne,
> 14 [1] l'homme, né de la femme,
> qui a la vie courte, mais des tourments à satiété.
> [2] Pareil à la fleur, il éclôt puis se fane,
> il fuit comme l'ombre sans arrêt.
> [3] Et sur cet être tu gardes les yeux ouverts,
> tu l'amènes en jugement devant toi !
> [4] Mais qui donc extraira le pur de l'impur ? Personne !
> [5] Puisque ses jours sont comptés,
> que le nombre de ses mois dépend de toi,
> que tu lui fixes un terme infranchissable,
> [6] détourne de lui tes yeux et laisse-le,
> tel un mercenaire, finir sa journée.

VERS 1228

Évangile selon saint Matthieu (6, 19-21) :
il faut se faire un trésor au ciel

6 [19] « Ne vous amassez point de trésors sur la terre, où la mite et le ver consument, où les voleurs percent et cambriolent. [20] Mais amassez-vous des trésors dans le ciel : là, point de mite ni de ver qui consument, point de voleurs qui perforent et cambriolent. [21] Car où est ton trésor, là sera aussi ton cœur. »

Évangile selon saint Luc (12, 33-34) :
il faut se faire un trésor au ciel

12 [...] [33] « Vendez vos biens, et donnez-les en aumône. Faites-vous des bourses qui ne s'usent pas, un trésor inépui-

sable dans les cieux, où ni voleur n'approche ni mite ne détruit. ³⁴ Car où est votre trésor, là aussi sera votre cœur. »

Vers 1262

Livre de la Genèse (3, 19) :
*Adam est condamné à gagner son pain
à la sueur de son front*
(voir au vers 259)

Vers 1493

Évangile selon saint Matthieu (16, 17-19) :
l'autorité divine de Pierre sur terre et dans le ciel

16 […] ¹⁷ En réponse, Jésus lui dit : « Tu es heureux, Simon fils de Jonas, car cette révélation t'est venue, non de la chair et du sang, mais de mon Père qui est dans les cieux. ¹⁸ Eh bien ! moi je te dis : Tu es Pierre, et sur cette pierre je bâtirai mon Église, et les Portes de l'Hadès ne tiendront pas contre elle. ¹⁹ Je te donnerai les clefs du Royaume des Cieux : quoi que tu lies sur la terre, ce sera tenu dans les cieux pour lié, et quoi que tu délies sur la terre, ce sera tenu dans les cieux pour délié. »

Vers 1568

Épître de saint Paul aux Philippiens (2, 9-11) :
la Création tout entière rend gloire à Dieu

2 […] ⁹ Aussi Dieu l'a-t-il exalté
et lui a-t-il donné le Nom
qui est au-dessus de tout nom,

¹⁰ pour que tout, au nom de Jésus,
s'agenouille, au plus haut des cieux,
sur la terre et dans les enfers,

¹¹ et que toute langue proclame,
de Jésus-Christ, qu'il est Seigneur,
à la gloire de Dieu le Père.

DIDASCALIE AU VERS 1568

L'hymne *Tantum ergo*

Tantum ergo Sacramentum
Veneremur cernui :
Et antiquum documentum
Novo cedat ritui :
Praestet fides supplementum
Sensuum defectui.

Genitori, Genitoque
Laus et jubilatio,
Salus, honor, virtus quoque
Sit et benedictio :
Procedenti ab utroque
Compar sit laudatio.

Amen.

[Adorons donc prosternés un si grand Sacrement ; que les rites antiques cèdent la place à ce nouveau mystère ; que la foi supplée au défaut de nos sens.
Gloire, louange, salut et honneur, puissance et bénédiction soient au Père et au Fils ; qu'un même hommage soit à celui qui procède de l'un et de l'autre (le Saint-Esprit). Amen]

CHRONOLOGIE [1]

---

1. La chronologie des œuvres de Calderón est parfois conjecturale. Nous signalons, sauf mention contraire, la date de composition le plus souvent retenue de quelques-unes de ses œuvres.

	Vie et œuvre de Pedro Calderón de la Barca	Histoire politique en Espagne et en Europe	Art et littérature en Espagne et en Europe
1600	Naissance à Madrid, le 17 janvier, de don Diego Calderón de la Barca Barreda et de doña María de Henao Riaño, famille noble proche du pouvoir royal.	Philippe III, roi d'Espagne depuis 1598.	Lope de Vega triomphe au théâtre. Première publication du *Romancero general*. Shakespeare, *Hamlet*.
1601			Naissance du peintre-sculpteur Alonso Cano.
1602	Sa famille s'installe à Valladolid, où la Cour s'est déplacée.	Fin d'une épidémie de peste en Espagne.	Naissance de l'écrivain mystique Marie d'Agréda.
1603		Mort de la reine Elizabeth Ire d'Angleterre ; avènement de Jacques Ier.	Agustín de Rojas, *El viaje entretenido* (*Le Voyage amusant*). Tomás Luis de Victoria, *Office des défunts*.
1604		Paix entre l'Espagne et l'Angleterre. Famines en Andalousie.	Mateo Alemán, deuxième partie de *Guzmán de Alfarache*. Introduction en France de la réforme du Carmel de Thérèse d'Ávila.

1605		Cervantès, première partie de *Don Quichotte*. Shakespeare, *Macbeth*.
	Naissance de l'infant Philippe, futur Philippe IV. Conspiration catholique, dite des Poudres, en Angleterre. Mort des papes Clément VIII et Léon XI ; élection de Paul V.	
1606	Retour de la Cour et de sa famille à Madrid.	Naissance de Corneille et de Rembrandt. Mort de Juste Lipse.
1607		Naissance du dramaturge Rojas Zorrilla. Monteverdi, *Orphée*.
1608	Première scolarité au collège impérial des Jésuites à Madrid, fondamentale pour sa formation intellectuelle.	Lope de Vega, *La Jérusalem conquise*. Saint François de Sales, *Introduction à la vie dévote*.
1609	Expulsion des morisques, entraînant de graves difficultés intérieures en Espagne.	Lope de Vega, *Nouvel Art de faire des comédies en notre temps*. Garcilaso de la Vega « el Inca », *Histoire générale du Pérou*. Naissance de Jean Rotrou.

	VIE ET ŒUVRE DE PEDRO CALDERÓN DE LA BARCA	HISTOIRE POLITIQUE EN ESPAGNE ET EN EUROPE	ART ET LITTÉRATURE EN ESPAGNE ET EN EUROPE
1610	Mort de sa mère.	Assassinat d'Henri IV, roi de France ; régence de Marie de Médicis.	
1611		Avènement de Gustave-Adolphe, roi de Suède.	Covarrubias, *Tesoro de la lengua castellana*. Mort du compositeur Tomás Luis de Victoria. Shakespeare, *La Tempête*.
1612	Sa sœur Dorotea entre au couvent de Santa Clara la Real de Tolède, où elle mourra en 1682.		Góngora, *Polyphème et Galatée*.
1613			Góngora, *Les Solitudes*. Cervantès, *Nouvelles exemplaires*. Juan Martínez Montañez, retable de Santiponce.
1614	Études à l'université d'Alcalá de Henares.		Lope de Vega, *Peribañez et le commandeur d'Ocaña*. Mort du Greco et de Mateo Alemán.

1615	Mort de son père. Études à l'université de Salamanque, où il reçoit une formation néoscolastique.	Mariage de l'infante espagnole Anne d'Autriche avec le roi Louis XIII.	Cervantès, seconde partie de *Don Quichotte*.
1616		Richelieu, ministre pour la première fois.	Mort de Cervantès et de Shakespeare. Cervantès, *Les Travaux de Persilès et Sigismonde* (posthume). Zurbarán commence à peindre : *Immaculée Conception*.
1617		Majorité et début du règne effectif de Louis XIII.	Construction de la Plaza Mayor de Madrid par Juan Gómez de Mora.
1618		Disgrâce du duc de Lerma, favori de Philippe III, remplacé par son fils le duc d'Uceda. Défenestration de Prague et début de la guerre de Trente Ans.	Édition posthume des *Obras espirituales* (Œuvres spirituelles) de saint Jean de la Croix. Naissance du dramaturge Agustín Moreto et du peintre Murillo.
1619	Bachelier en droit canonique.	Ferdinand II, empereur d'Allemagne.	Lope de Vega, *Fuenteovejuna*.

	Vie et œuvre de Pedro Calderón de la Barca	Histoire politique en Espagne et en Europe	Art et littérature en Espagne et en Europe
1620	Participe au concours poétique organisé à Madrid pour la béatification de saint Isidore le Laboureur.	Occupation de la Valteline italienne et du Palatinat rhénan par les Espagnols.	Les « pèlerins » puritains du *Mayflower* débarquent au Massachussetts.
1621	Accusé avec ses deux frères, Diego et José, d'avoir assassiné Nicolás de Velasco, fils d'un serviteur du connétable de Castille.	Mort de Philippe III ; avènement de Philippe IV. Olivares, favori de Philippe IV. Guerre entre l'Espagne et la Hollande. Mort du pape Paul V ; élection de Grégoire XV.	Fermeture des théâtres de Madrid en signe de deuil. Tirso de Molina, *Les Jardins de Tolède*. Rubens décore le palais du Luxembourg à Paris.
1622	Participe au concours poétique organisé à Madrid pour la canonisation de sainte Thérèse d'Ávila, de saint Isidore le Laboureur et de saint François-Xavier.		Naissance du peintre Juan de Valdés Leal. Naissance de Molière. Mort de saint François de Sales.
1623	Représentation au palais royal de sa première *comedia*, *Amor, honor y poder* (*Amour, honneur et pouvoir*).	Mort du pape Grégoire XV ; élection d'Urbain VIII.	Velázquez, peintre officiel à la Cour ; *Portrait d'Olivares*.
1624	Voyages probables en Italie. *La Dévoción de la cruz* (*La Dévotion à la croix*), *comedia*.	Entrée de Richelieu au Conseil du roi de France.	Velázquez, *Les Buveurs*.

1625	Voyage dans les Flandres ; prend part au siège de Breda.	Victoire espagnole à Breda. Mort de Jacques Ier d'Angleterre ; avènement de Charles Ier.	Velázquez, *La Reddition de Breda* ou *Les Lances*. À Paris, des troupes espagnoles donnent des représentations au Louvre et à l'Hôtel de Bourgogne.
1626	Retour à Madrid. *El sitio de Breda* (*Le Siège de Breda*), comedia.		Le metteur en scène florentin Cosimo Lotti arrive à Madrid pour organiser les fêtes royales. Quevedo, *El Buscón, la vie de l'aventurier don Pablo de Ségovie*. Ribera, *Saint Jérôme*.
1627	Représentation de *La cisma de Inglaterra* (*Le Schisme de l'Angleterre*), comedia.	Banqueroute de la couronne d'Espagne.	Mort de Góngora. Quevedo, *Sueños* (*Songes*). Naissance de Bossuet.
1628	Représentation au palais de la Zarzuela de *El jardín de Falerina*, comedia.		Mort du poète Malherbe.
1629	*La dama duende* (*La Farfadette*), *El príncipe constante* (*Le Prince constant*), *Casa con dos puertas, mala es de guardar*	Naissance du prince Balthasar Carlos, héritier de la couronne d'Espagne.	Van Dyck, *Renaud et Armide*.

	Vie et œuvre de Pedro Calderón de la Barca	Histoire politique en Espagne et en Europe	Art et littérature en Espagne et en Europe
1629	(*Maison à deux portes, maison difficile à garder*), *comedias* Dénoncé devant le roi Philippe IV par Fray Hortensio Paravicino, prédicateur royal, pour avoir commis le sacrilège de poursuivre jusque dans un couvent de religieuses trinitaires l'acteur Pedro de Villegas, qui avait blessé un de ses frères.	Richelieu, Premier ministre en France.	
1630	Calderón a déjà écrit au moins quinze *comedias*.	Journée des Dupes et consolidation du pouvoir de Richelieu.	Velázquez, *La Forge de Vulcain*. Tirso de Molina, *L'Abuseur de Séville* (*Don Juan*).
1631			Marie d'Agréda, *La Cité mystique de Dieu* (1ʳᵉ rédaction). Lope de Vega, *El castigo sin venganza* (*Le Châtiment sans vengeance*). Mort de Guillén de Castro. Velázquez, *Le Christ en croix*.

1632		Exécution du duc de Montmorency à Toulouse.	La municipalité de Madrid se charge de l'organisation des spectacles dans la ville. Lope de Vega, *La Dorotea*. Galilée, *Dialogue sur les deux principaux systèmes du monde*. Naissance de Vermeer.
1633	Rédaction probable (entre 1633 et 1635) de *El gran teatro del mundo* (*Le Grand Théâtre du monde*), auto sacramental. *Amar después de la muerte* (*Aimer par-delà la mort*), comedia.		Charles Sorel, *Histoire comique de Francion*. Rétractation de Galilée après sa condamnation.
1634	Calderón devient le dramaturge favori du roi Philippe IV et de la Cour. Représentation de l'*auto sacramental El gran mercado del mundo* (*Le Grand Marché du monde*). Rédaction de ses premiers *autos sacramentales*, dont *La cena del rey Baltasar* (*Le Festin du roi Balthasar*).	Bataille de Nordlingen, grande victoire espagnole contre la Suède.	Lope de Vega, *Rimes humaines et divines*. Saint Vincent de Paul fonde l'ordre des Filles de la charité.

	Vie et œuvre de Pedro Calderón de la Barca	**Histoire politique en Espagne et en Europe**	**Art et littérature en Espagne et en Europe**
1634	Inauguration du palais, des jardins et du théâtre du Buen Retiro, et représentation à cette occasion de *El nuevo palacio del Retiro* (*Le Nouveau Palais du Retiro*), *auto sacramental*.		
1635	Nommé directeur des représentations théâtrales à la Cour et censeur officiel. Représentation de *El mayor encanto, amor* (*Le Plus Grand Sortilège, l'amour*), *comedia*. Rédaction de *La vida es sueño* (*La vie est un songe*), *comedia*. Représentation probable de *El gran teatro del mundo* (*Le Grand Théâtre du monde*).	Richelieu déclare la guerre à l'Espagne.	Mort de Lope de Vega. Fondation de l'Académie française.
1636	Entrée au service du duc de l'Infantado. Publication de la *Primera Parte de Comedias* (*Premier Recueil de comedias*), contenant, entre autres, *La vida es sueño* (*La vie est un songe*).	Guerre contre la France : l'Espagne envahit la Picardie.	Mort du sculpteur Gregorio Hernández. Corneille, *L'Illusion comique*.

1637	Il reçoit l'habit très honorifique de chevalier de l'ordre de Saint-Jacques. Rédaction de *El mágico prodigioso* (*Le Magicien prodigieux*). Publication de la *Parte Segunda de Comedias* (*Deuxième recueil de comedias*), contenant, entre autres, *El médico de su honra* (*Le Médecin de son honneur*). Voyage à Valence.	Ferdinand III, empereur d'Allemagne.	Gracián, *Le Héros*. Descartes, *Discours de la méthode*. Corneille, *Le Cid*.
1638	Il participe probablement au siège de Fontarabie contre la France.	Naissance de Louis XIV.	Fray Hortensio Paravicino, *Sermons*.
1639	*Los cabellos de Absalón* (*Les Cheveux d'Absalon*), comedia.		Zurbarán reçoit une commande importante pour le monastère de Guadalupe. Naissance de Racine.
1640	Il quitte le service du duc de l'Infantado. Représentation de *El alcalde de Zalamea* (*L'Alcalde de Zalamea*), comedia. Il devient un auteur systématique pour les *autos sacramentales* de la Fête-Dieu de Madrid.	Soulèvements en Catalogne. Soutenu par Richelieu, le Portugal retrouve de fait son indépendance par l'institution de la dynastie de Bragance.	Gracián, *El político don Fernando el Católico*. Saavedra Fajardo, *Idée d'un prince politique-chrétien*. Le peintre Murillo arrive à Madrid.

	Vie et œuvre de Pedro Calderón de la Barca	Histoire politique en Espagne et en Europe	Art et littérature en Espagne et en Europe
1640			Jansénius, *Augustinus*. Mort de Rubens et de Van Dyck.
1641	Il participe à la guerre de Catalogne sous le gouvernement d'Olivarès ; il y reçoit une blessure.		Lope de Vega, *Le Chevalier d'Olmedo*.
1642	Retour à Madrid. *El secreto a voces* (*Le Secret à haute voix*), comedia.	Entrée des troupes françaises en Catalogne. Mort de Richelieu.	Gracián, *Agudeza y arte de ingenio* (*Les Pointes et l'art du bel esprit*). Corneille, *Polyeucte*.
1643	Intermède de *Don Pegote*.	Rencontre de Philippe IV avec la mystique Marie d'Agréda qui deviendra sa conseillère. Chute d'Olivarès et ministère du duc de Haro, nouveau favori du roi. Mort de Louis XIII ; régence d'Anne d'Autriche. Défaite espagnole à Rocroi.	Mort de Galilée. Condamnation de l'*Augustinus* par le pape.

1644	Représentation de l'*auto sacramental* *La humildad coronada de las plantas* (*L'Humilité couronnée des plantes*).	Mort de la reine Isabelle de Bourbon, épouse de Philippe IV. Mort du pape Urbain VIII ; élection d'Innocent X.	Fermeture des théâtres en signe de deuil à Madrid.
1645	Entrée au service du duc d'Albe et rapprochement avec le roi, dont il reçoit une pension.	Nouvelle visite de Philippe IV à la mystique Marie d'Agréda.	Marie d'Agréda brûle la première version de sa Vie de la Vierge, *La Cité mystique de Dieu*. Mort de l'écrivain Quevedo. Rotrou, *Le Véritable Saint Genest*.
1646	Installation à Alba de Tormes.	Mort du prince héritier Baltasar-Carlos. Révoltes anti-espagnoles en Sicile et à Naples. Nouvelle banqueroute espagnole.	Fermeture des théâtres en signe de deuil à Madrid. Gracián, *El Discreto* (*L'Homme sage*).
1647	Naissance de son fils naturel, Pedro José. Mort de son frère Diego.		

	VIE ET ŒUVRE DE PEDRO CALDERÓN DE LA BARCA	HISTOIRE POLITIQUE EN ESPAGNE ET EN EUROPE	ART ET LITTÉRATURE EN ESPAGNE ET EN EUROPE
1648	Représentation de *La segunda esposa y triunfar muriendo* (*La Seconde Épouse et triompher tout en mourant*). Calderón écrit des *autos sacramentales* pour la Ville de Madrid.	Philippe IV se marie en secondes noces avec Marie-Anne d'Autriche. Paix de Westphalie et fin de la domination espagnole en Europe avec l'indépendance des Pays-Bas. Début de la Fronde en France.	Mort des écrivains Tirso de Molina et Saavedra Fajardo, et du sculpteur Martínez Montañés. Publication posthume de la première partie de la poésie de Quevedo.
1649		Épidémies de peste en Andalousie, dans le Levant et en Catalogne. Procès et exécution de Charles Ier d'Angleterre ; début du « gouvernement des saints ».	
1650	Entrée dans le tiers ordre franciscain. Rédaction d'*autos sacramentales* à l'occasion de l'année sainte, tel *El año santo de Roma*.		Mort de Descartes et de Rotrou.

1651	Ordination sacerdotale, conformément aux vœux du testament de son père. Mort de son fils naturel Pedro José.		Gracián, *El Criticón*. Naissance de Fénelon.
1652	Retrait progressif de la vie civile.	Nouvelle banqueroute du roi d'Espagne. Reconquête de la Catalogne.	Le metteur en scène italien Baccio del Bianco succède à Cosimo Lotti pour l'organisation des représentations palatines. Mort du peintre Ribera.
1653	Nommé chapelain de *Reyes Nuevos* à Tolède, où il s'installe, il se consacre à la composition d'*autos sacramentales* pour la Ville de Madrid et de *comedias* destinées aux représentations palatines ; il abandonne le théâtre destiné au public des théâtres commerciaux.		Pascal se rapproche des jansénistes de Port-Royal.
1655	Publication de *El gran teatro del mundo* (*Le Grand Théâtre du monde*), *auto sacramental*.	Alliance de la France et de l'Angleterre contre l'Espagne. Mort du pape Innocent X ; élection d'Alexandre VII.	
1656	Calderón est invité par le roi à organiser les fêtes de la Cour.	Nouvelle banqueroute espagnole.	Velázquez, *Les Ménines*, *Les Fileuses*.

	Vie et œuvre de Pedro Calderón de la Barca	Histoire politique en Espagne et en Europe	Art et littérature en Espagne et en Europe
1657	Représentation au théâtre de la Zarzuela de *El golfo de las sirenas* (*L'Océan des sirènes*).	Alliance franco-anglaise contre l'Espagne.	
1658	Représentation au théâtre du Buen Retiro de *El laurel de Apolo* (*Le Laurier d'Apollon*), *comedia*.	Victoire française sur l'Espagne à la bataille des Dunes. Mort de Cromwell.	Mort de Gracián. Début de la décoration baroque de la cathédrale de Saint-Jacques-de-Compostelle.
1659		Traité des Pyrénées établissant la paix entre l'Espagne et la France.	Molière, *Les Précieuses ridicules*.
1660	Représentation de plusieurs opéras et *zarzuelas*, qu'il contribue à instituer en tant que genre avec *La púrpura de la rosa* (*La Pourpre de la rose*), à l'occasion du mariage royal. *El diablo mudo* (*Le Diable muet*), *auto sacramental*.	Mariage de l'infante Marie-Thérèse avec Louis XIV. Avènement de Charles II d'Angleterre.	Mort de Velázquez. Mort de saint Vincent de Paul.

1661	Représentation de *Eco y Narciso* (*Écho et Narcisse*) à l'occasion de l'anniversaire de la princesse Marguerite.	Naissance de l'infant Charles, futur Charles II d'Espagne. Mort de Mazarin ; début du règne personnel de Louis XIV.	Début de la parution de la *Gazette de Madrid*. Début des grands travaux de Versailles.
1662	À Tolède, il rédige plusieurs *autos sacramentales* pour la Ville de Madrid, comme *Mística y real Babilonia*.	Invasion de l'Autriche par les Turcs.	Mort de Pascal. Bossuet prêche le *Carême du Louvre*.
1663	Nommé chapelain d'honneur du roi Philippe IV, il s'installe à Madrid. *El divino Orfeo* (*Le Divin Orphée*), *auto sacramental*.		
1664	Publication de la *Tercera Parte de Comedias* (*Troisième Recueil de comedias*), contenant, entre autres, *En esta vida todo es verdad y todo es mentira* (*Dans cette vie, tout est mensonge et tout est vérité*). *A María el corazón* (*Donner son cœur à Marie*), *La inmunidad del sagrado* (*L'Immunité de l'asile religieux*).		Mort de Zurbarán. Réforme de la Trappe par l'abbé de Rancé.

	Vie et œuvre de Pedro Calderón de la Barca	Histoire politique en Espagne et en Europe	Art et littérature en Espagne et en Europe
1665		Mort de Philippe IV, avènement de Charles II et régence de Marie-Anne de Habsbourg en Espagne.	Mort de Marie d'Agréda. Fermeture des théâtres à Madrid en signe de deuil du roi. Molière, *Dom Juan*. La Rochefoucauld, *Maximes*.
1666	Élu premier chapelain de la congrégation Saint-Pierre des prêtres originaires de Madrid.		Le metteur en scène José Caudi arrive à Madrid comme nouvel ordonnateur des fêtes royales.
1667		La France récupère sur l'Espagne les Flandres et la Picardie. Mort du pape Alexandre VII ; élection de Clément IX.	Mort du peintre-sculpteur Alonso Cano. Racine, *Andromaque*.
1668		L'Espagne reconnaît officiellement l'indépendance du Portugal par le traité de Lisbonne. La France envahit momentanément la Franche-Comté espagnole.	Molière, *L'Avare*.

1669	*El gran príncipe de Fez* (*Le Grand Prince de Fez*).	Mort de Clément IX ; élection de Clément X.	Molière, *Le Tartuffe*.
1670	À partir de 1670, on représente tous les ans à Madrid deux *autos sacramentales* de Calderón. *Sueños hay que verdad son* (*Il est des songes qui sont des vérités*), auto sacramental.		Publication à Madrid de l'édition princeps de *La Cité mystique de Dieu* de Marie d'Agréda. Racine, *Bérénice*.
1671	Participe au concours poétique organisé à Madrid pour la canonisation de saint François Borgia. *El santo rey don Fernando* (*Le Saint Roi don Ferdinand*).		
1672	Publication de la *Parte Cuarta de comedias* (*Quatrième Recueil de comedias*), contenant, entre autres, *La aurora de Copacabana* (*L'Aurore de Copacabana*).	Louis XIV s'installe à Versailles.	Molière, *Les Femmes savantes*.
1673	Représentation de l'*auto sacramental La vida es sueño* (*La vie est un songe*).	Traité de La Haye.	Naissance de l'architecte Churriguera. Mort de Molière.

	Vie et œuvre de Pedro Calderón de la Barca	Histoire politique en Espagne et en Europe	Art et littérature en Espagne et en Europe
1674	Publication de la *Parte Quinta de Comedias* (*Cinquième Recueil de comedias*), contenant, entre autres, *El pintor de su deshonra* (*Le Peintre de son déshonneur*). Publication d'un recueil de douze *autos sacramentales*.		Boileau, *Art poétique*.
1675		Majorité de Charles II. Invasion des Flandres par la France.	Miguel de Molinos, *Guide spirituel*.
1676		Mort du pape Clément X ; élection d'Innocent XI.	Naissance du polygraphe Fray Benito Jerónimo Feijoo.
1677			Racine, *Phèdre*.
1678		L'Espagne perd définitivement la Franche-Comté à l'occasion du traité de Nimègue.	

1679	Nouvelles pensions royales attribuées à Calderón.	Mariage de Charles II avec Marie-Louise d'Orléans, nièce de Louis XIV. Mort de don Juan d'Autriche.	
1680	Représentation de la dernière *comedia* de Calderón, *Hado y divisa de Leonido y Marfisa* (*Sort et devise de Leonido et Marfisa*).	Nouvelle dévaluation de la monnaie en Espagne. Recueil des *Leyes de indias* (*Lois des Indes*).	Fondation de la Comédie-Française.
1681	Dans une lettre au duc de Veragua, il établit une liste de 110 de ses œuvres. Représentation de l'*auto sacramental El cordero de Isaías* (*Le Mouton d'Isaïe*). Mort le 25 mai, il laisse inachevé l'*auto sacramental La divina Filotea* (*La Divine Philotée*).		Ouverture du canal du Midi.

BIBLIOGRAPHIE

Dans le nombre écrasant des publications consacrées à Calderón (Ignacio Arellano et Ángel L. Cilveti recensaient déjà 1 365 publications portant sur les seuls *autos sacramentales* : voir « Bibliografía crítica sobre el auto sacramental », dans *Autos sacramentales completos de Calderón*, 3, Pampelune-Kassel, Université de Navarre-Éditions Reichenberger, 1994), nous avons sélectionné un certain nombre de titres, soit pour leur caractère particulièrement stimulant, soit parce qu'ils sont plus faciles d'accès pour les lecteurs francophones du *Grand Théâtre du monde*.

La bibliographie suit le plan suivant :

I. Principales éditions de *El gran teatro del mundo*
   Éditions anciennes de référence
   Éditions contemporaines en anthologies théâtrales
   Principales éditions séparées
   Traductions et adaptations en français
II. Autres œuvres de Calderón en français
III. Sur *Le Grand Théâtre du monde*
IV. Sur l'*auto sacramental*
V. Sur Calderón et son œuvre
VI. Sur le contexte littéraire
VII. Sur le contexte historique

I. Principales éditions de
El gran teatro del mundo

Éditions anciennes de référence

Autos sacramentales, con quatro comedias nuevas, y sus loas, y entremeses. Primera parte, Madrid, María de Quiñones, a costa de Juan de Valdés, 1655. *El teatro del mundo* : p. 239v-248v, suivies (du fait d'une erreur de pagination) des p. 251, 250, 253 et 254r.

Autos sacramentales, alegóricos y historiales del insigne poeta español Don Pedro Calderón de la Barca. Parte Primera, éd. Pedro Pando y Mier, Madrid, Manuel Ruiz de Murga, 1717-1718. *El gran teatro del mundo* : t. I, p. 139-163.

Éditions contemporaines en anthologies théâtrales

Autos sacramentales, éd. Ángel Valbuena Prat, t. I : *La cena del rey Baltasar, El gran teatro del mundo, La vida es sueño*, Madrid, Ediciones de La Lectura, « Clásicos Castellanos », 1926. Même édition : Madrid, Espasa-Calpe, t. I, 1942 ; Saragosse, Ebro, Librería General, t. IV, 1959 (7ᵉ éd.).

El gran teatro del mundo, dans *Piezas maestras del teatro teológico español*, éd. Nicolás González Ruiz, t. I : *Autos sacramentales*, Madrid, Editorial Católica, 1946, 1968 (3ᵉ éd.) ; Biblioteca de Autores Cristianos, 1996-1997 (4ᵉ éd.).

El gran teatro del mundo, dans *Teatro español del Siglo de Oro*, éd. Bruce W. Wardropper, New York, Charles Scribner's Sons, 1970, p. 721-782.

Obras completas, éd. Ángel Valbuena Prat, t. III : *Autos sacramentales*, Madrid, Aguilar, « Obras eternas », 1991 (rééd.).

Principales éditions séparées
de **El gran teatro del mundo**
(en cas de réédition, nous citons généralement la première édition)

El gran teatro del mundo, éd. José Fradejas Lebrero, Tetuán, Crómades, « Biblioteca clásicos bachillerato », 6, 1957.

El gran teatro del mundo. El gran mercado del mundo, éd. Eugenio Frutos Cortés, Salamanca, Anaya, « Textos españoles », 5, 1958. Même édition : Madrid, Cátedra, « Letras hispánicas », 15, 1974.

El gran teatro del mundo, éd. Domingo Ynduráin, Madrid, Istmo, « Clásicos españoles », 2, 1974 (éd. augm. Madrid, Alhambra, 1981 ; Madrid, Alianza, 1989).
El gran teatro del mundo, éd. Antonio Rey Hazas et Florencio Sevilla Arroyo, Barcelona, Planeta, 1991.
El gran teatro del mundo, éd. John Jay Allen et Domingo Ynduráin, Barcelona, Crítica, « Biblioteca clásica », 72, 1997.

Traductions et adaptations françaises de El gran teatro del mundo

Le Grand Théâtre du monde, adapté en français par Gonzague de Reynold, Bienne (Suisse), Éditions du Chandelier, « Les amis du Chandelier », 4, 1941 (traduction et adaptation en français de l'adaptation allemande de Joseph von Eichendorf).
Micheline Sauvage signale dans *Calderón dramaturge* (L'Arche, 1959, p. 146) une édition dont nous n'avons pas retrouvé d'autre mention : *Le Magicien prodigieux* et *Le Grand Théâtre du monde*, traduits par Étienne Vauthier, Paris (s. e.), 1948.
El gran teatro del mundo. Le Grand Théâtre du monde. Auto sacramental, traduit et annoté par Mathilde Pomès, Klincksieck, 1957.
Le Grand Théâtre du monde, texte présenté, traduit et annoté par Marie-France Schmidt, dans *Théâtre espagnol du XVIIe siècle*, éd. Robert Marrast, Gallimard, « Bibliothèque de la Pléiade », 452, t. II, 1999, p. 897-929 et 1770-1782.

II. Autres œuvres de Calderón en français

L'Alcalde de Zalalamea (*El alcalde de Zalamea*), introduction, traduction et notes par Robert Marrast, Aubier-Montaigne (bilingue), 1959 (rééd. Aubier, 1968).
Le Magicien prodigieux (*El mágico prodigioso*), édition, introduction, traduction et notes par Bernard Sesé, Aubier-Montaigne (bilingue), 1969.
Le Prince constant (*El Príncipe Constante*), édition, introduction, traduction et notes par Bernard Sesé, Aubier-Montaigne (bilingue), 1989.
Théâtre espagnol du XVIIe siècle, éd. Robert Marrast, Gallimard, « Bibliothèque de la Pléiade », 452, t. II, 1999.

Contient les œuvres suivantes : *La Dévotion à la croix* (éd. et trad. Jean-Pierre Ressot), *La Farfadette* (éd. et trad. Louis Barbe), *Maison à deux portes, maison difficile à garder* (éd. et trad. Jean Testas), *Le Prince constant* (éd. Pierre Alzieu), *Le Festin du roi Balthasar* (éd. et trad. Marie-France Schmidt), *Aimer par-delà la mort* (éd. et trad. Guy Mercadier), *Le Médecin de son honneur* (éd. et trad. Marc Vitse), *Les Cheveux d'Absalom* (éd. et trad. Marc Vitse), *Le Grand Théâtre du monde* (éd. et trad. Marie-France Schmidt), *La vie est un songe* (éd. et trad. Lucien Dupuis).

La vie est un songe, édition, introduction, traduction et notes par Bernard Sesé, Aubier (bilingue), 1976, rééd. « GF-Flammarion », 1992.

La vie est un songe, traduction nouvelle et notes par Lucien Dupuis (même traduction que dans l'édition de la Pléiade citée *supra*), préface de Marc Vitse, Gallimard, « Folio Théâtre », 36, 1996.

III. Sur *Le Grand Théâtre du monde*

ALCOBA Laura, « Le grand théâtre du monde : prolongements, extensions et limites d'un *topos* littéraire », dans *Lectures de Calderón. La vie est un songe. Le Grand Théâtre du monde*, éd. Ricardo Saez, Rennes, Presses universitaires de Rennes, 1999, p. 47-59.

ANGILERI Kelly, « "Todo jugar es un ser jugado" : las teorías hermenéuticas de Gadamer aplicadas a *El gran teatro del mundo* de Calderón », *Ariel*, 1993, 9, p. 5-16.

BATRINA GASSIOT S., « Contenido bíblico en *El gran teatro del mundo* », *Razón y fe*, CLVIII, 1958, p. 337-357 ; CLX, 1959, p. 39-54.

BLANCO Mercedes, « Dramaturgie et métaphore dans *El gran teatro del mundo* », dans *Aspects du théâtre de Calderón. La vida es sueño. El gran teatro del mundo. Pedro Calderón de la Barca*, éd. Nadine Ly, Éditions du Temps, 2001, p. 165-206.

CAPDEBOSCQ Anne-Marie, « *El gran teatro del mundo* : l'éthique de la miniaturisation », dans *Aspects du théâtre de Calderón, op. cit.*, p. 121-137.

CARRILLO Francisco, « Contexto y ley natural en *El gran teatro del mundo* de Calderón de la Barca », dans *Actas del congreso internacional sobre Calderón y el teatro español del Siglo de oro* (Madrid, 8-13 juin 1981), éd. Luciano

García Lorenzo, Madrid, CSIC, « Anejos de la Revista *Segismundo*, 6 », 1983, t. II, p. 679-686.

CIROT Georges, « *El gran teatro del mundo* », *Bulletin hispanique*, XLIII, 1941, p. 290-305.

COUDERC Christophe, « La dramaturgie de l'illusion dans le théâtre classique en Espagne (*Le Grand Théâtre du monde* et *La vie est un songe* de Calderón) », *Littératures classiques*, 44, hiver 2002, p. 239-262.

FELKEL Robert W., « *El gran teatro del mundo* of Pedro Calderón de la Barca and the centrality of grace », *Bulletin of the Comediantes*, XXXI, 1979, p. 127-134.

FIORE Robert, « Calderón's *El gran teatro del mundo* : an ethical interpretation », *Hispanic Review*, XL, 1972, p. 40-52.

GARCÍA Ángel, « *El gran teatro del mundo* : estructura y personajes », dans *Hacia Calderón*, éd. Hans Flasche *et al.*, Berlin, Walter de Gruyter, 1979, p. 17-29.

JACQUOT Jacques, « Le "théâtre du monde" de Shakespeare à Calderón », *Revue de littérature comparée*, XXXI, 1957, p. 341-372.

JOHNSON Caroll, « Social roles and ideology, dramatic roles and theatrical convention, dans *El gran teatro del mundo* », *Bulletin of the Comediantes*, 1997, 49, p. 247-72.

LEMARC'HADOUR Rémi, « Vertus théologales et Péchés capitaux : le "jeu de rôles" du *Grand Théâtre du monde* », dans *Lectures de Calderón. La vie est un songe. Le Grand Théâtre du monde, op. cit.*, p. 99-114.

LY Nadine, « *La vie est un songe* », « *El gran teatro del mundo* », Messene, « Prépa. CAPES-Agrégation », 1999.

LY Nadine (éd.), *Aspects du théâtre de Calderón. La vida es sueño. El gran teatro del mundo. Pedro Calderón de la Barca*, Éditions du Temps, 2001.

PELEGRIN Benito, « Allégorie théologique et sociologique (le Laboureur et le Roi) dans *El gran teatro del mundo* de Calderón », dans *Aspects du théâtre de Calderón, op. cit.*, p. 139-164.

POLLMANN Leo, « Análisis estructural comparado de *El gran teatro del mundo y No hay más fortuna que Dios* », dans *Hacia Calderón*, éd. Hans Flasche *et al.*, Berlin, Walter de Gruyter, 1970, p. 85-92.

PRING-MILL Robert D.F., « La estructura de *El gran teatro del mundo* », dans *Hacia Calderón*, Séptimo Coloquio Anglogermano, Cambridge, 1984, éd. Hans Flasche, Stuttgart, Franz Steiner, 1985, p. 110-145.

SAEZ Ricardo (éd.), *Lectures de Calderón. La vie est un songe. Le Grand Théâtre du monde*, Rennes, Presses universitaires de Rennes, 1999.

SÁNCHEZ Alberto, « Estructura conceptual trimembre en *El gran teatro del mundo* », dans *Actas del congreso internacional sobre Calderón y el teatro español del Siglo de oro* (Madrid, 8-13 juin 1981), éd. Luciano García Lorenzo, t. II, Madrid, CSIC, 1983, p. 769-787.

SHERGOLD Norman D., « *El gran teatro del mundo* y sus problemas escenográficos », dans *Hacia Calderón*, éd. Hans Flasche *et al.*, Berlin, Walter de Gruyter, 1970, p. 77-84.

SITO ALBA Manuel, « Metateatro de Calderón : *El gran teatro del mundo* », dans *Actas del congreso internacional sobre Calderón y el teatro español del Siglo de oro, op. cit.*, p. 789-802.

SOUILLER Didier, « *Le Grand Théâtre du monde* de Calderón : signification philosophique et ambiguïté », *Littératures*, 1992, 26, p. 101-114.

VITSE Marc, « Estructura y versificación en *El gran teatro del mundo* », dans *« Estaba el jardín en flor… »*, *Homenaje a Stefano Arata*, *Criticón*, 87-88-89, 2003 (sous presse).

IV. SUR L'*AUTO SACRAMENTAL*

Une collection des *autos sacramentales completos* de Calderón est en cours de parution, sous la direction de Ignacio Arellano et Ángel L. Cilveti, dans une publication conjointe de l'Université de Navarre (Pampelune, Espagne) et des Éditions Reichenberger (Kassel, Allemagne).

ARELLANO Ignacio, *Diccionario de los autos sacramentales de Calderón*, « Autos Sacramentales Completos », 28, Pampelune-Kassel, Université de Navarre-Éditions Reichenberger, 2000.

ARIAS Ricardo, *The Spanish Sacramental Plays*, Boston, Twayne, 1980.

BATAILLON Marcel, « Essai d'explication de l'*auto sacramental* », *Bulletin hispanique*, XXLII, 1940, p. 193-212.

DIETZ Donald T., « Liturgical and allegorical drama : the uniqueness of Calderón's *auto sacramental* », *Comparative Literature Symposium*, XIV, 1981, p. 71-88.

DIETZ Donald T., « Theology and the stage : the God figure in Calderón's *autos sacramentales* », *Bulletin of the Comediantes*, XXXIV, 1982, p. 97-105.

DÍEZ BORQUE José María, « Teatro y fiesta en el Barroco español : el auto sacramental de Calderón y el público. Funciones del texto cantado », *Cuadernos Hispanoamericanos*, 396, 1983, p. 606-642.

DÍEZ BORQUE José María, « El auto sacramental calderoniano y su público : funciones del texto cantado », dans *Calderón and the Baroque Tradition*, éd. Kurt Levy *et al.*, Waterloo (Ontario), Wilfrid Laurier University, p. 49-67.

FLECNIAKOSKA Jean-Louis, *La Formation de l'« auto » religieux en Espagne avant Calderón (1550-1635)*, Montpellier, P. Déhan, 1961.

FRUTOS CORTÉS Eugenio, *La Filosofía de Calderón en sus autos sacramentales*, Zaragoza, CSIC, 1952, rééd. 1981.

PARKER Alexander A., *The Allegorical Drama of Calderón*, Oxford, Dolphin, 1943. Traduction espagnole : *Los autos sacramentales de Calderón de la Barca*, Barcelone, *Ariel*, 1983.

SHERGOLD Norman D. et EGIDO Aurora, « La puesta en escena de los autos sacramentales », dans *Historia y crítica de la literatura española. Siglos de Oro : Barroco*, éd. Francisco Rico, Madrid, Crítica, 1983, p. 814-822.

SOUILLER Didier, « Le théâtre religieux dans l'Espagne du Siècle d'or : l'exemple de l'*auto sacramental* », *Littératures classiques*, 2000, 39, p. 67-79.

VAREY John E., « La mise en scène de l'*auto sacramental* aux XVIe et XVIIe siècles », dans *Le Lieu théâtral à la Renaissance*, éd. Jean Jacquot, Élie Konigson et Marcel Oddon, CNRS, 1964, p. 215-225.

V. SUR CALDERÓN ET SON ŒUVRE

AMADEI-PULICE María Alicia, *Calderón y el barroco. Exaltación y engaño de los sentidos*, Amsterdam-Philadephie, John Benjamins Publishing Company, 1990.

APARICIO MAYDEU Javier (éd.), *Estudios sobre Calderón*, Madrid, Istmos, « Fundamentos », 162, 2 vol., 2000.

ARELLANO Ignacio, *Calderón y su escuela dramática*, Madrid, Ediciones del laberinto, « Arcadia de las letras », 6, 2001.

ARELLANO Ignacio et VEGA GARCÍA-LUENGOS Germán (éd.), *Calderón. Innovación y legado. Actas del IX Congreso de la Asociación Internacional de Teatro español de los Siglos de Oro*, New York, Peter Lang, « Ibérica », 36, 2001.

BRUNEL Pierre, *La vie est un songe de Calderón ou le Théâtre de l'Hippogriffe. Essai*, Ellipses, « Thèmes et études », 1996.

DÍEZ BORQUE José María (éd.), *Calderón desde el 2000. Simposio internacional complutense*, Madrid, Ollero y Ramos, 2001.

DURÁN Manuel et GONZÁLEZ ECHEVARRÍA Roberto (éd.), *Calderón y la crítica. Historia y antología*, Madrid, Gredos, 1976.

EGIDO Aurora, *El gran teatro de Calderón. Personajes, temas, escenografía*, Kassel, Éditions Reichenberger, 1995.

FLASCHE Hans *et al.* (éd), *Hacia Calderón* [Actes des colloques anglo-allemands sur Calderón], Berlin, Walter de Gruyter, 1970, 1973, 1976, 1979 ; Wiesbaden, Franz Steiner, 1981-1982, 1983, 1985 ; Stuttgart, Franz Steiner, 1988.

GARCÍA LORENZO Luciano (éd.), *Actas del congreso internacional sobre Calderón y el teatro español del Siglo de Oro* (Madrid, 8-13 juin 1981), Madrid, CSIC, « Anejos de la Revista *Segismundo* », 6, 2 vol., 1983.

REYRE Dominique, *Lo Hebreo en los autos sacramentales de Calderón*, Pampelune-Kassel, Université de Navarre-Éditions Reichenberger (« Teatro del Siglo de Oro. Ediciones críticas », 46 ; « Autos sacramentales completos de Calderón, 20 »), 1998.

SAUVAGE Micheline, *Calderón dramaturge*, L'Arche, 1959.

SHERGOLD Norman D., « Calderón and "Theatrum Mundi" », *Arts du spectacle et histoire des idées. Recueil offert en hommage à Jean Jacquot*, Tours, Centre d'études supérieures de la Renaissance, 1984, p. 163-175.

SOUILLER Didier, *Calderón et le grand théâtre du monde*, PUF, « Écrivains », 1992.

SOUILLER Didier, *La Dialectique de l'ordre et de l'anarchie dans les œuvres de Shakespeare et de Calderón*, Berne, Peter Lang, 1985.

VITSE Marc, *Segismundo y Serafina*, Toulouse, Université de Toulouse-Le Mirail, France-Ibérie recherche, « Thèses et recherches », 8, 1980, rééd. augm. Toulouse, Presses universitaires du Mirail (« Anejos de Criticón », 12), 1999.

VI. Sur le contexte littéraire

Arellano Ignacio, *Historia del teatro español del siglo XVII*, Madrid, Cátedra, 1995.

Brunel Pierre, *Formes baroques au théâtre*, Klincksieck, « Bibliothèque d'histoire du théâtre », 5, 1996.

Christian Lynda G., *Theatrum mundi. The History of an Idea*, New York-Londres, Garland, 1987.

Dubois Claude-Gilbert, *Le Baroque en Europe et en France*, PUF, « Écritures », 1995.

Forestier Georges, *Le Théâtre dans le théâtre sur la scène française du XIIe siècle*, Genève, Droz, « Histoire des idées et critique littéraire », 197, 1981.

Larue Anne, « Le théâtre du monde et l'incertitude baroque », *Bulletin de liaison et d'information de la Société française de littérature générale et comparée*, t. II, automne 1991, p. 51-76.

Orozco Emilio, *El Teatro y la teatralidad del Barroco*, Barcelone, Planeta, 1969.

Pelegrin Benito, *Figurations de l'infini. Le baroque européen*, Seuil, 2000.

Reyre Dominique (trad.), *Poétique de l'eucharistie. Un cœur pour adorer Dieu*, Genève, Ad Solem, 1999.

Rauseo Chris, *Mœurs et maximes. Personnification, représentation et moralisation théâtrales du « Gran teatro del mundo » au « Malade imaginaire »*, Heidelberg, Universitätsverlag C. Winter « Neues Forum für allgemeine und vergleichende Literaturwissenschaft », 4, 1998.

Souiller Didier, *La Littérature baroque en Europe*, PUF, « Littératures modernes », 1988.

Thomas Lucien-Paul, « Les jeux de scène et l'architecture des idées dans le théâtre allégorique de Calderón », dans *Calderón de la Barca*, Wissenschaftliche Buchgesellschaft, Darmstadt, 1971, p. 1-40.

Van Delft Louis, « Le thème du *theatrum mundi* dans la réflexion morale au Grand Siècle », *Spicelegio Moderno*, XII, 1979, p. 18-34.

Vilanova Antonio, « El tema del gran teatro del mundo », *Boletín de la Real Academia de Buenas Letras de Barcelona*, XXIII, 1950, p. 341-372.

Vitse Marc, *Éléments pour une théorie du théâtre espagnol du XVIIe siècle*, Toulouse, Presses universitaires du Mirail, « Thèses et recherches », 17, 1988, 2e éd. 1990.

VII. Sur le contexte historique

Bennasar Bartolomé, *Un Siècle d'or espagnol : vers 1525-vers 1648*, « Marabout université », 399, 1983.
Bennasar Bartolomé, *Histoire des Espagnols*, Armand Colin, 2 vol., 1985, rééd. augm. Robert Laffont, « Bouquins », 1992.
Bennasar Bartolomé et Vincent Bernard, *Le Temps de l'Espagne : XVIe-XVIIe siècles*, Hachette Littératures, « Les siècles d'or », 1999, rééd. « Pluriel », 2001.
Chauchadis Claude, *Honneur, morale et société dans l'Espagne de Philippe II*, CNRS, « Amérique latine, Pays ibériques », 1984.
Desfourneaux Marcelin, *L'Espagne au Siècle d'or*, Hachette, « La vie quotidienne : civilisations et sociétés », 1996, rééd., revue par Isabelle Poutrin, de : *La Vie quotidienne en Espagne au Siècle d'or*, Hachette, 1965.
Deveze Michel, *L'Espagne de Philippe IV. 1621-1665*, Société d'édition d'enseignement supérieur, « Regards sur l'histoire », 11 et 12, t. I, 1970 ; t. II, 1971.
Molinié Antoinette (éd.), *Le Corps de Dieu en fêtes*, Cerf, « Sciences humaines et religions », 1996.

TABLE

Présentation 7
Note sur la présente édition 55

Le Grand Théâtre du monde 61
El gran teatro del mundo

Annexes 173
   1. La versification 175
   2. Textes bibliques et liturgiques cités en
      notes 179
Chronologie 209
Bibliographie 231

GF Flammarion

231402-X-2018 – Impression MAURY IMPRIMEUR, 45330 Malesherbes.
N° d'édition L.01EHPNFG1115.C004. – Mai 2003 – Printed in France.